biblioteca borges

coordenação editorial
davi arrigucci jr.
heloisa jahn
jorge schwartz
maria emília bender

o outro,
o mesmo (1964)

jorge luis borges

tradução heloisa jahn

2ª reimpressão

copyright © 1996, 2005 by maría kodama
todos os direitos reservados

grafia atualizada segundo o Acordo
Ortográfico da Língua Portuguesa de 1990,
que entrou em vigor no Brasil em 2009.

título original
el otro, el mismo (1964)

obra editada no âmbito do Programa "Sur" de Apoio
a Traduções do Ministério das Relações Exteriores,
Comércio Internacional e Culto da República Argentina.

capa e projeto gráfico
warrakloureiro

foto página 1
© grete stern

preparação
silvia massimini felix

revisão
carmen s. da costa
ana maria barbosa

a tradutora agradece a atenção, as emendas e as sugestões
de Hugo Scotte.

Dados Internacionais de Catalogação na Publicação (CIP)
(Câmara Brasileira do Livro, SP, Brasil)

Borges, Jorge Luis, 1899-1986.
O outro, o mesmo / Jorge Luis Borges; tradução Heloisa Jahn.
— São Paulo: Companhia das Letras, 2009.

Edição bilíngue: português / espanhol.
ISBN 978-85-359-1579-2

1. Poesia argentina I. Título

09-11433   CDD-ar861

Índice para catálogo sistemático:
1. Poesia: Literatura argentina   ar861

[2022]
Todos os direitos desta edição reservados à
EDITORA SCHWARCZ S.A.
Rua Bandeira Paulista, 702, cj. 32
04532-002 — São Paulo — SP
Telefone: (11) 3707-3500
www.companhiadasletras.com.br
www.blogdacompanhia.com.br
facebook.com/companhiadasletras
instagram.com/companhiadasletras
twitter.com/cialetras

prólogo 9

insomnio insônia 12, 13
two english poems dois poemas ingleses 18, 19
la noche cíclica a noite cíclica 24, 25
del infierno y del cielo do inferno e do céu 28, 29
poema conjetural poema conjectural 32, 33
poema del cuarto elemento poema do quarto
    elemento 36, 37
a un poeta menor de la antología a um poeta menor
    da antologia 40, 41
página para recordar al coronel suárez, vencedor en junín
    página para recordar o coronel suárez, vencedor
    em junín 44, 45
mateo, XXV, 30 mateus, 25, 30 48, 49
una brújula uma bússola 52, 53
una llave en salónica uma chave em salônica 54, 55
un poeta del siglo XIII um poeta do século XIII 56, 57
un soldado de urbina um soldado de urbina 58, 59
límites limites 60, 61
baltasar gracián baltasar gracián 64, 65
un sajón (449 a. d.) um saxão (449 a. d.) 68, 69
el golem o golem 72, 73

el tango o tango 80, 81
el otro o outro 86, 87
una rosa y milton uma rosa e milton 88, 89
lectores leitores 90, 91
juan, 1, 14 joão, 1, 14 92, 93
el despertar o despertar 94, 95
a quien ya no es joven a quem já não é jovem 96, 97
alexander selkirk alexander selkirk 98, 99
odisea, *libro vigésimo tercero* odisseia, vigésimo
   terceiro livro 100, 101
él ele 102, 103
sarmiento sarmiento 104, 105
a un poeta menor de 1899 a um poeta menor de 1899 108, 109
texas texas 110, 111
*composición escrita en un ejemplar de la gesta
   de beowulf* composição escrita num exemplar
   da gesta de beowulf 112, 113
hengist cyning hengist cyning 114, 115
fragmento fragmento 118, 119
a una espada en york minster a uma espada em
   york minster 122, 123
a un poeta sajón a um poeta saxão 124, 125
snorri sturluson (1179-1241) snorri sturluson (1179-1241) 128, 129
a carlos XII para carlos XII 130, 131
emanuel swedenborg emanuel swedenborg 132, 133
jonathan edwards (1703-1785) jonathan edwards
   (1703-1785) 134, 135
emerson emerson 136, 137
edgar allan poe edgar allan poe 138, 139
camden, 1892 camden, 1892 140, 141
parís, 1856 paris, 1856 142, 143

rafael cansino-asséns rafael cansino-asséns 144, 145

los enigmas os enigmas 146, 147

el instante o instante 148, 149

al vino ao vinho 150, 151

soneto del vino soneto do vinho 154, 155

1964 1964 156, 157

el hambre a fome 160, 161

el forastero o forasteiro 164, 165

a quien está leyéndome a quem me lê 168, 169

el alquimista o alquimista 170, 171

alguien alguém 174, 175

everness everness 178, 179

ewigkeit ewigkeit 180, 181

edipo y el enigma édipo e o enigma 182, 183

spinoza espinosa 184, 185

españa espanha 186, 187

elegía elegia 190, 191

adam cast forth adam cast forth 194, 195

a una moneda a uma moeda 196, 197

otro poema de los dones outro poema dos dons 198, 199

ode escrita en 1966 ode escrita em 1966 204, 205

el sueño o sonho 208, 209

junín junín 210, 211

un soldado de lee (1862) um soldado de lee (1862) 212, 213

el mar o mar 214, 215

una mañana de 1649 uma manhã de 1649 216, 217

a un poeta sajón a um poeta saxão 218, 219

buenos aires buenos aires 220, 221

buenos aires buenos aires 222, 223

al hijo ao filho 224, 225

los compadritos muertos os compadritos mortos 226, 227

prólogo

Dos muitos livros de poesia que minha resignação, meu descuido e às vezes minha paixão foram rabiscando, *O outro, o mesmo* é o que prefiro. Nele estão o "Outro poema dos dons", o "Poema conjectural", "Uma rosa e Milton" e "Junín", que, se a parcialidade não me ilude, não me desdouram. Nele estão também meus hábitos: Buenos Aires, o culto dos antepassados, a germanística, a contradição entre o tempo que passa e a identidade que perdura, meu estupor diante do fato de que o tempo, nossa substância, possa ser partilhado.

Na verdade, este livro é uma compilação. Os poemas foram sendo escritos para diversos *moods* e momentos, não para justificar um volume. Vêm daí as previsíveis monotonias, a repetição de palavras e talvez de linhas inteiras. Em seu cenáculo da rua Victoria, o escritor — digamos que seja esse o seu nome — Alberto Hidalgo chamou a atenção para o meu costume de escrever a mesma página duas vezes, com mínimas variações. Lamento ter-lhe respondido que ele era tão binário quanto eu, com a diferença de que, em seu caso particular, a primeira versão era de outro. Esse comportamento deplorável era típico daquela época, que muitos evocam com nostalgia. Todos nós queríamos ser heróis de histórias triviais. A observação de Hidalgo era justificada: "Alexander Selkirk" não é assim tão diferente de *"Odisseia*, livro vigésimo terceiro"; "O punhal" anuncia a milonga que intitulei "Uma faca no Norte" e talvez o relato "O encontro". O estranho, o que não consigo entender, é que minhas segundas versões, como ecos apagados e involuntários, costumam ser inferiores às primeiras. Em Lubbock, às margens do deserto, uma moça alta me perguntou se ao escrever "O Golem" eu não havia tentado escrever uma variação de "As ruínas circulares"; respondi que tivera de atravessar todo o continente para receber aquela revelação, que era verdadeira. No mais, as duas composições têm suas diferenças: o sonhador sonhado está numa delas; a relação da divindade com o homem, e talvez a do poeta com a obra, na que redigi depois.

Os idiomas do homem são tradições que contêm um toque de fatalidade. As experiências individuais são, efetivamente, mínimas, exceto nos casos em que o inovador se resigna a elaborar um espécime de museu, um jogo destinado à discussão dos historiadores da literatura ou ao mero escândalo, como o *Finnegans Wake* ou as *Soledades*. Já me senti atraído pela tentação de traduzir a música do inglês ou do alemão para o castelhano; caso tivesse realizado essa aventura, talvez impossível, eu seria um grande poeta, como Garcilaso, que nos deu a música da Itália, ou como o anônimo sevilhano, que nos deu a de Roma, ou como Darío, que nos deu a da França. Não fui além de um esboço urdido com palavras de poucas sílabas, que judiciosamente destruí.

O destino do escritor é uma coisa curiosa. No início ele é barroco, vaidosamente barroco, e com o passar dos anos talvez atinja, se os astros forem favoráveis, não a simplicidade, que não é nada, mas a complexidade modesta e secreta.

Mais que pelas escolas, fui educado por uma biblioteca — a de meu pai; apesar das vicissitudes do tempo e das geografias, acredito não ter lido em vão aqueles queridos volumes. No "Poema conjectural" observa-se a influência dos monólogos dramáticos de Robert Browning; em outros, a de Lugones e, assim espero, a de Whitman. Ao rever estas páginas, senti-me mais próximo do Modernismo que das seitas ulteriores engendradas por sua corrupção, e que agora o negam.

Pater escreveu que todas as artes tendem à condição da música, talvez porque nela o fundo é a forma, já que não podemos aludir a uma melodia como podemos aludir às linhas gerais de um conto. Admitido esse princípio, a poesia seria uma arte híbrida: a sujeição de um sistema abstrato de símbolos, a linguagem, a fins musicais. Os dicionários têm a culpa desse conceito errôneo. Costumamos esquecer que eles são repertórios artificiosos, muito posteriores às línguas que ordenam. A raiz da linguagem é irracional e de caráter mágico. O dinamarquês que pronunciava o nome de Thor ou o saxão que pronunciava o nome de Thunor não sabiam se essas palavras nomeavam o deus do trovão ou o estrépito que sucede ao relâmpago. A poesia quer retomar essa antiga magia. Sem leis prefixadas, funciona de modo vacilante e ousado, como se caminhasse no escuro. Xadrez misterioso, a poesia, cujo tabuleiro e cujas peças mudam como num sonho e sobre o qual me inclinarei depois da morte.

J.L.B.

insomnio

De fierro,
de encorvados tirantes de enorme fierro, tiene que ser
   la noche,
para que no la revienten y la desfonden
las muchas cosas que mis abarrotados ojos han visto,
las duras cosas que insoportablemente la pueblan.

Mi cuerpo ha fatigado los niveles, las temperaturas,
   las luces:
en vagones de largo ferrocarril,
en un banquete de hombres que se aborrecen,
en el filo mellado de los suburbios,
en una quinta calurosa de estatuas húmedas,
en la noche repleta donde abundan el caballo y el hombre.

El universo de esta noche tiene la vastedad
del olvido y la precisión de la fiebre.

En vano quiero distraerme del cuerpo
y del desvelo de un espejo incesante
que lo prodiga y que lo acecha

insônia

De ferro,
de encurvados tirantes de enorme ferro tem de ser
 a noite,
para que não a estourem e destampem
as muitas coisas que meus abarrotados olhos viram,
as duras coisas que insuportavelmente a povoam.

Meu corpo fatigou as passagens de nível, as temperaturas,
 as luzes:
em vagões de extensa ferrovia,
num banquete de homens que se detestam,
no contorno irregular dos subúrbios,
numa chácara sufocante de estátuas úmidas,
na noite repleta onde há fartura de cavalo e homem.

O universo desta noite tem a vastidão
do olvido e a precisão da febre.

Em vão quero distrair-me do corpo
e da vigília de um espelho incessante
que o dissipa e espreita

y de la casa que repite sus patios
y del mundo que sigue hasta un despedazado arrabal
de callejones donde el viento se cansa y de barro torpe.

En vano espero
las desintegraciones y los símbolos que preceden
al sueño.

Sigue la historia universal:
los rumbos minuciosos de la muerte en las caries dentales,
la circulación de mi sangre y de los planetas.

(He odiado el agua crapulosa de un charco,
he aborrecido en el atardecer el canto del pájaro.)

Las fatigadas leguas incesantes del suburbio del Sur,
    leguas de pampa basurera y obscena, leguas de
    execración, no se quieren ir del recuerdo.
Lotes anegadizos, ranchos en montón como perros,
    charcos de plata fétida:
soy el aborrecible centinela de esas colocaciones inmóviles.

Alambre, terraplenes, papeles muertos, sobras de
    Buenos Aires.

Creo esta noche en la terrible inmortalidad:
ningún hombre ha muerto en el tiempo, ninguna
    mujer, ningún muerto,
porque esta inevitable realidad de fierro y de barro
tiene que atravesar la indiferencia de cuantos estén
    dormidos o muertos

e da casa que repete seus pátios
e do mundo que se estende até um arrabalde esquartejado
de ruelas onde o vento se cansa e de rude argila.

Em vão espero
as desintegrações e os símbolos que precedem
o sonho.

Prossegue a história universal:
os rumos minuciosos da morte nas cáries dentárias,
a circulação de meu sangue e dos planetas.

(Senti ódio pela água crapulosa de um charco,
ao entardecer me fartei do canto do pássaro.)

As fatigadas léguas incessantes do subúrbio Sul,
    léguas de pampa lixeiro e obsceno, léguas de execração,
    não querem sair da memória.
Terrenos alagadiços, ranchos empilhados como cães,
    charcos de dinheiro fétido:
sou o lamentável sentinela dessas disposições imóveis.

Arame, terraplenos, papéis mortos, sobejos de
    Buenos Aires.

Esta noite acredito na terrível imortalidade:
nenhum homem morreu no tempo, nenhuma mulher,
    nenhum morto,
porque esta inevitável realidade de ferro e barro
tem de atravessar a indiferença de todos os que dormem
    ou estão mortos

— aunque se oculten en la corrupción y en los siglos —
y condenarlos a vigilia espantosa.

Toscas nubes color borra de vino infamarán el cielo;
amanecerá en mis párpados apretados.

Adrogué, 1936

— mesmo que se ocultem na corrupção e nos séculos —
e condená-los a terrível vigília.

Toscas nuvens cor de borra de vinho aviltarão o céu;
amanhecerá em minhas pálpebras apertadas.

Adrogué, 1936

two english poems

to Beatriz Bibiloni Webster de Bullrich

I

The useless dawn finds me in a deserted streetcorner;
    I have outlived the night.
Nights are proud waves: darkblue topheavy waves laden
    with all hues of deep spoil, laden with things
    unlikely and desirable.
Nights have a habit of mysterious gifts and refusals,
    of things half given away, half withheld, of joys with
    a dark hemisphere. Nights act that way, I tell you.
The surge, that night, left me the customary shreds
    and odd ends: some hated friends to chat with,
    music for dreams, and the smoking of bitter ashes.
    The things my hungry heart has no use for.
The big wave brought you.
Words, any words, your laughter; and you so lazily
    and incessantly beautiful. We talked and you have
    forgotten the words.
The shattering dawn finds me in a deserted street
    of my city.
Your profile turned away, the sounds that go to make
    your name, the lilt of your laughter: these are
    illustrious toys you have left me.

dois poemas ingleses

para Beatriz Bibiloni Webster de Bullrich *

I

A madrugada inútil me encontra numa esquina deserta;
sobrevivi à noite.
As noites são ondas altivas: ondas de crista pesada,
azul-escuras, carregadas de todos os tons de terra
profunda, de coisas desejáveis e improváveis.
As noites são dadas a misteriosas dádivas e recusas,
a coisas meio entregues, meio retidas, a êxtases com
um hemisfério escuro. Assim agem as noites, eu te digo.
A onda, essa noite, deixou-me os resíduos de sempre:
alguns amigos odiados para conversar, música
para sonhos e cinzas amargas para fumar. As coisas
que em nada atendem a meu coração amargo.
A onda grande trouxe a ti.
Palavras, quaisquer palavras, teu riso; e tua beleza
tão preguiçosa e incessante. Conversamos, e tu
esqueceste as palavras.
A madrugada esmagadora me encontra numa rua
deserta da minha cidade.
Teu perfil voltado para outro lado, os sons que formam
teu nome, o ritmo de teu riso: esses, os ilustres
brinquedos que me legaste.

I turn them over in the dawn, I lose them, I find them;
    I tell them to the few stray dogs and to the few stray
    stars of the dawn.
Your dark rich life...
I must get at you, somehow: I put away those illustrious
    toys you have left me, I want your hidden look,
    your real smile — that lonely, mocking smile your
    cool mirror knows.

II

What can I hold you with?
I offer you lean streets, desperate sunsets, the moon
    of the jagged suburbs.
I offer you the bitterness of a man who has looked long
    and long at the lonely moon.
I offer you my ancestors, my dead men, the ghosts that
    living men have honoured in bronze: my father's
    father killed in the frontier of Buenos Aires, two
    bullets through his lungs, bearded and dead,
    wrapped by his soldiers in the hide of a cow; my
    mother's grandfather — just twentyfour — heading
    a charge of three hundred men in Peru, now ghosts
    on vanished horses.
I offer you whatever insight my books may hold,
    whatever manliness or humour my life.
I offer you the loyalty of a man who has never been loyal.
I offer you that kernel of myself that I have saved,
    somehow — the central heart that deals not in words,

Eu os reviro na madrugada, e os perco, e os acho;
conto-os aos raros cães vadios e às raras estrelas
vadias da madrugada.
Tua vida escura e rica...
Preciso chegar a ti, não sei como: guardo os ilustres
brinquedos que me legaste, quero teu olhar oculto,
teu sorriso real — aquele sorriso solitário
e zombeteiro que teu espelho frio conhece.

II

Com que posso prender-te?
Ofereço-te ruas magras, crepúsculos desesperados, a lua
dos subúrbios esgarçados.
Ofereço-te o amargor de um homem que mirou e mirou
demoradamente a lua solitária.
Ofereço-te meus ancestrais, meus mortos, os espectros
que homens vivos honraram em mármore: o pai
de meu pai, morto na fronteira de Buenos Aires, duas
balas a atravessar-lhe os pulmões, barbado e morto,
embrulhado por seus soldados num couro de vaca;
o avô de minha mãe — com apenas vinte e quatro
anos — comandando uma carga de trezentos homens
no Peru, espectros hoje, montados em cavalos extintos.
Ofereço-te o que de revelações houver em meus livros,
o que de hombridade e humor houver em minha vida.
Ofereço-te a lealdade de um homem que nunca foi leal.
Ofereço-te o cerne de mim que conservei, não sei como
— o coração central que não lida com palavras,

traffics not with dreams and is untouched by time,
by joy, by adversities.
I offer you the memory of a yellow rose seen at sunset,
years before you were born.
I offer you explanations of yourself, theories about
yourself, authentic and surprising news of yourself.
I can give you my loneliness, my darkness, the
hunger of my heart; I am trying to bribe you with
uncertainty, with danger, with defeat.

1934

não trafica com sonhos e é imune ao tempo, à alegria,
às adversidades.
Ofereço-te a lembrança de uma rosa amarela vista
ao crepúsculo, anos antes de nasceres.
Ofereço-te explicações de ti, teorias sobre ti, notícias
verídicas e surpreendentes de ti.
Posso te dar minha solidão, minha treva, a fome
de meu coração; tento subornar-te com a incerteza,
o perigo, a derrota.

1934

* *tradução de Paulo Henriques Britto*

la noche cíclica

A Sylvina Bullrich

Lo supieron los arduos alumnos de Pitágoras:
los astros y los hombres vuelven cíclicamente;
los átomos fatales repetirán la urgente
Afrodita de oro, los tebanos, las ágoras.

En edades futuras oprimirá el centauro
con el casco solípedo el pecho del lapita;
cuando Roma sea polvo, gemirá en la infinita
noche de su palacio fétido el minotauro.

Volverá toda noche de insomnio: minuciosa.
La mano que esto escribe renacerá del mismo
vientre. Férreos ejércitos construirán el abismo.
(David Hume de Edimburgo dijo la misma cosa.)

No sé si volveremos en un ciclo segundo
como vuelven las cifras de una fracción periódica;
pero sé que una oscura rotación pitagórica
noche a noche me deja en un lugar del mundo

a noite cíclica

para Sylvina Bullrich

Bem sabiam os árduos alunos de Pitágoras:
os astros e os homens regressam ciclicamente;
irrevogáveis átomos refarão a urgente
Afrodite de ouro, os tebanos, as ágoras.

Em idades futuras oprimirá o centauro
com o casco solípede o coração do lápita;
quando Roma for pó, há de gemer na infinita
noite de seu palácio fétido o minotauro.

Tornará toda noite de insônia: minuciosa.
A mão que escreve isto renascerá do mesmo
ventre. Férreos exércitos erguerão o abismo.
(David Hume de Edimburgo falou a mesma coisa.)

Não sei se voltaremos em um ciclo segundo
como voltam as cifras de uma fração periódica;
sei, porém que uma obscura rotação pitagórica
noite após noite me leva até um lugar do mundo

que es de los arrabales. Una esquina remota
que puede ser del Norte, del Sur o del Oeste,
pero que tiene siempre una tapia celeste,
una higuera sombría y una vereda rota.

Ahí está Buenos Aires. El tiempo que a los hombres
trae el amor o el oro, a mí apenas me deja
esta rosa apagada, esta vana madeja
de calles que repiten los pretéritos nombres

de mi sangre: Laprida, Cabrera, Soler, Suárez...
Nombres en que retumban (ya secretas) las dianas,
las repúblicas, los caballos y las mañanas,
las felices victorias, las muertes militares.

Las plazas agravadas por la noche sin dueño
son los patios profundos de un árido palacio
y las calles unánimes que engendran el espacio
son corredores de vago miedo y de sueño.

Vuelve la noche cóncava que descifró Anaxágoras;
vuelve a mi carne humana la eternidad constante
y el recuerdo ¿el proyecto? de un poema incesante:
"Lo supieron los arduos alumnos de Pitágoras..."

1940

que fica nos subúrbios. Uma esquina remota
que pode estar no Norte, no Sul ou no Oeste,
mas em que vejo sempre um muro azul-celeste,
uma figueira sombria e uma calçada rota.

Aí está Buenos Aires. O tempo, que a outros homens
traz ouro ou traz amor, em mim apenas funda
esta rosa amortecida, esta vã barafunda
de ruas que repetem os pretéritos nomes

de meu sangue: Laprida, Cabrera, Soler, Suárez...
Nomes em que ecoam (secretas) as alvoradas,
as repúblicas, os cavalos e as madrugadas,
as felizes vitórias, as mortes militares.

As praças ofendidas pela noite sem dono
são os pátios profundos de um árido palácio
e as ruas unânimes que produzem o espaço
são corredores de impreciso medo e de sonho.

Volta a noite côncava que entendeu Anaxágoras;
volta-me à carne humana a eternidade constante
e a lembrança — o projeto? — de um poema incessante:
"Bem sabiam os árduos alunos de Pitágoras..."

1940

del infierno y del cielo

El Infierno de Dios no necesita
el esplendor del fuego. Cuando el Juicio
Universal retumbe en las trompetas
y la tierra publique sus entrañas
y resurjan del polvo las naciones
para acatar la Boca inapelable,
los ojos no verán los nueve círculos
de la montaña inversa; ni la pálida
pradera de perennes asfodelos
donde la sombra del arquero sigue
la sombra de la corza, eternamente;
ni la loba de fuego que en el ínfimo
piso de los infiernos musulmanes
es anterior a Adán y a los castigos;
ni violentos metales, ni siquiera
la visible tiniebla de Juan Milton.
No oprimirá un odiado laberinto
de triple hierro y fuego doloroso
las atónitas almas de los réprobos.

do inferno e do céu

O Inferno de Deus não necessita
dos fulgores do fogo. Quando o Juízo
Universal retumbar nas trombetas
e a terra publicar as suas entranhas
e do pó ressurgirem as nações
para acatar a Boca inapelável,
os olhos não verão os nove círculos
da montanha invertida; nem a pálida
pradaria de asfódelos perenes
em que persegue a sombra de um arqueiro
eternamente a sombra de uma corça;
nem a loba de fogo que no ínfimo
assoalho dos infernos muçulmanos
precede Adão e todos os castigos;
nem violentos metais e nem sequer
a escuridão visível de João Milton.
Não prenderá um odiado labirinto
de triplo ferro e fogo doloroso
as almas aturdidas dos infames.

Tampoco el fondo de los años guarda
un remoto jardín. Dios no requiere
para alegrar los méritos del justo,
orbes de luz, concéntricas teorías
de tronos, potestades, querubines,
ni el espejo ilusorio de la música
ni las profundidades de la rosa
ni el esplendor aciago de uno solo
de Sus tigres, ni la delicadeza
de un ocaso amarillo en el desierto
ni el antiguo, natal sabor del agua.
En Su misericordia no hay jardines
ni luz de una esperanza o de un recuerdo.

En el cristal de un sueño he vislumbrado
el Cielo y el Infierno prometidos:
cuando el Juicio retumbe en las trompetas
últimas y el planeta milenario
sea obliterado y bruscamente cesen
¡oh Tiempo! tus efímeras pirámides,
los colores y líneas del pasado
definirán en la tiniebla un rostro
durmiente, inmóvil, fiel, inalterable
(tal vez el de la amada, quizá el tuyo)
y la contemplación de ese inmediato
rostro incesante, intacto, incorruptible,
será para los réprobos, Infierno;
para los elegidos, Paraíso.

1942

Tampouco o socavão dos anos guarda
um remoto jardim. Deus não precisa,
para alegrar os méritos do justo,
de orbes de luz, concêntricas teorias
de tronos, potestades, querubins,
nem do espelho enganador da música
nem das profundidades de uma rosa
nem do esplendor aziago de um, só um
de Seus tigres, nem da delicadeza
de um ocaso amarelo no deserto
nem do antigo, natal sabor da água.
Não há jardins em Sua misericórdia
nem luzes de memória ou de esperança.

No cristal de algum sonho vislumbrei
tanto o Céu como o Inferno prometidos:
quando ecoar o Juízo nas trombetas
últimas e o planeta milenar
se obliterar e bruscamente cessem
ó Tempo! tuas efêmeras pirâmides,
as cores e os traços do passado
vão definir na escuridão um rosto
dormindo, imóvel, fiel, inalterável
(talvez seja o da amada, ou mesmo o teu),
e a contemplação desse imediato
rosto incessante, intato, incorruptível,
há de ser, para os réprobos, Inferno;
porém para os eleitos, Paraíso.

1942

poema conjetural

El doctor Francisco Laprida, asesinado
el día 22 de setiembre de 1829, por los montoneros
de Aldao, piensa antes de morir:

Zumban las balas en la tarde última.
Hay viento y hay cenizas en el viento,
se dispersan el día y la batalla
deforme, y la victoria es de los otros.
Vencen los bárbaros, los gauchos vencen.
Yo, que estudié las leyes y los cánones,
yo, Francisco Narciso de Laprida,
cuya voz declaró la independencia
de estas crueles provincias, derrotado,
de sangre y de sudor manchado el rostro,
sin esperanza ni temor, perdido,
huyo hacia el Sur por arrabales últimos.
Como aquel capitán del Purgatorio
que, huyendo a pie y ensangrentando el llano,
fue cegado y tumbado por la muerte
donde un oscuro río pierde el nombre,
así habré de caer. Hoy es el término.
La noche lateral de los pantanos
me acecha y me demora. Oigo los cascos
de mi caliente muerte que me busca
con jinetes, con belfos y con lanzas.

poema conjectural

o doutor Francisco Laprida, assassinado
no dia 22 de setembro de 1829 pelos montoneros
de Aldao, pensa antes de morrer:

Zunem as balas na última tarde.
Sopra o vento e há cinzas nesse vento,
se dispersam o dia e a batalha
disforme, e a vitória cabe aos outros.
Vencem os bárbaros, vencem os gaúchos.
Eu, que estudei os cânones e as leis,
eu, Francisco Narciso de Laprida,
cuja voz declarou a independência
destas cruéis províncias, derrotado,
de sangue e de suor manchado o rosto,
sem esperança nem temor, perdido,
para o Sul fujo, por subúrbios últimos.
Como aquele capitão do Purgatório:
fugindo a pé e ensanguentando o solo,
foi cegado e tombado pela morte
ali onde um rio escuro perde o nome,
assim hei de cair. Hoje é o final.
A noite lateral dos lodaçais
me espia e me retém. Escuto os cascos
de minha quente morte que me busca
com cavalos, com beiços e com lanças.

Yo que anhelé ser otro, ser un hombre
de sentencias, de libros, de dictámenes,
a cielo abierto yaceré entre ciénagas;
pero me endiosa el pecho inexplicable
un júbilo secreto. Al fin me encuentro
con mi destino sudamericano.
A esta ruinosa tarde me llevaba
el laberinto múltiple de pasos
que mis días tejieron desde un día
de la niñez. Al fin he descubierto
la recóndita clave de mis años,
la suerte de Francisco de Laprida,
la letra que faltaba, la perfecta
forma que supo Dios desde el principio.
En el espejo de esta noche alcanzo
mi insospechado rostro eterno. El círculo
se va a cerrar. Yo aguardo que así sea.

Pisan mis pies la sombra de las lanzas
que me buscan. Las befas de mi muerte,
los jinetes, las crines, los caballos,
se ciernen sobre mí... Ya el primer golpe,
ya el duro hierro que me raja el pecho,
el íntimo cuchillo en la garganta.

1943

Eu que sonhei ser outro, ser um homem
de sentenças, de livros, de juízos,
a céu aberto jazerei na lama;
porém me endeusa o peito inexplicável
um júbilo secreto. Enfim encontro
o meu destino sul-americano.
Para esta tarde trágica me trouxe
o labirinto múltiplo de passos
que os dias meus tramaram desde um dia
da infância. Agora enfim é que descubro
a recôndita chave de meus anos,
a sorte de Francisco de Laprida,
a letra que faltava, essa perfeita
forma que Deus conhece desde o início.
No espelho desta noite eu reconheço
meu rosto eterno insuspeitado. O círculo
vai se fechar. Espero que assim seja.

Pisam meus pés a sombra dessas lanças
que me buscam. O insulto dessa morte,
os ginetes, as crinas, os cavalos,
me afogam... vem o primeiro golpe,
o duro ferro que me fende o peito,
a íntima navalha na garganta.

1943

poema del cuarto elemento

El dios a quien un hombre de la estirpe de Atreo
apresó en una playa que el bochorno lacera,
se convirtió en león, en dragón, en pantera,
en un árbol y en agua. Porque el agua es Proteo.

Es la nube, la irrecordable nube, es la gloria
del ocaso que ahonda, rojo, los arrabales;
es el Maelström que tejen los vórtices glaciales,
y la lágrima inútil que doy a tu memoria.

Fue, en las cosmogonías, el origen secreto
de la tierra que nutre, del fuego que devora,
de los dioses que rigen el poniente y la aurora.
(Así lo afirman Séneca y Tales de Mileto.)

El mar y la moviente montaña que destruye
a la nave de hierro sólo son tus anáforas,
y el tiempo irreversible que nos hiere y que huye,
agua, no es otra cosa que una de tus metáforas.

poema do quarto elemento

O deus a quem um homem da linhagem de Atreu
capturou numa praia que o mormaço lacera,
transformou-se em leão, em dragão, em pantera,
numa árvore e em água. Porque a água é Proteu.

É a nuvem, a imemorável nuvem, é a glória
do ocaso que submerge, vermelho, os arrabaldes;
é o Maelström tecido pelos vórtices gelados,
e a lágrima inútil que dedico a tua memória.

Foi, nas cosmogonias, o começo secreto
da terra que alimenta, do fogo que devora,
dos deuses que comandam o poente e a aurora.
(Assim afirmam Sêneca e Tales de Mileto.)

O mar e a movediça montanha que demole
a embarcação de ferro são só tuas anáforas,
e o tempo irreversível que nos fere e que foge,
água, é pura e simplesmente uma de tuas metáforas.

Fuiste, bajo ruinosos vientos, el laberinto
sin muros ni ventana, cuyos caminos grises
largamente desviaron al anhelado Ulises,
de la Muerte segura y el Azar indistinto.

Brillas como las crueles hojas de los alfanjes,
hospedas, como el sueño, monstruos y pesadillas.
Los lenguajes del hombre te agregan maravillas
y tu fuga se llama el Éufrates o el Ganges.

(Afirman que es sagrada el agua del postrero,
pero como los mares urden oscuros canjes
y el planeta es poroso, también es verdadero
afirmar que todo hombre se ha bañado en el Ganges.)

De Quincey, en el tumulto de los sueños, ha visto
empedrarse tu océano de rostros, de naciones;
has aplacado el ansia de las generaciones,
has lavado la carne de mi padre y de Cristo.

Agua, te lo suplico. Por este soñoliento
nudo de numerosas palabras que te digo,
acuérdate de Borges, tu nadador, tu amigo.
No faltes a mis labios en el postrer momento.

Foste, sob ruinosos ventos, o labirinto
sem muros nem janela, cujos caminhos grises
longamente desviaram o desejado Ulisses,
da Morte garantida e do Acaso indistinto.

Brilhas como as lâminas perversas dos alfanjes,
hospedas monstros e pesadelos, como o sonho.
As linguagens do homem te mostram mais risonho
e tua fuga se chama o Eufrates ou o Ganges.

(Dizem sagrada a água do derradeiro,
mas como os mares urdem obscuros câmbios
e o planeta é poroso, também é verdadeiro
afirmar que todo homem já se banhou no Ganges.)

De Quincey, no tumulto dos seus sonhos, viu isto:
empedrar-se teu mar de rostos e de nações;
aplacaste a exasperação das gerações,
lavaste a carne de meu pai e a carne de Cristo.

Eu te suplico, água. Por este sonolento
novelo de inúmeras palavras que te digo,
lembra-te de Borges, teu nadador, teu amigo.
Não faltes a meus lábios no último momento.

a un poeta menor de la antología

¿Dónde está la memoria de los días
que fueron tuyos en la tierra, y tejieron
dicha y dolor y fueron para ti el universo?

El río numerable de los años
los ha perdido; eres una palabra en un índice.

Dieron a otros gloria interminable los dioses,
inscripciones y exergos y monumentos y puntuales
    historiadores;
de ti sólo sabemos, oscuro amigo,
que oíste al ruiseñor, una tarde.

Entre los asfodelos de la sombra, tu vana sombra
pensará que los dioses han sido avaros.

Pero los días son una red de triviales miserias,
¿y habrá suerte mejor que la ceniza
de que está hecho el olvido?

a um poeta menor da antologia

Onde estará a memória dos dias
que foram teus nesta terra, e que tramaram
ventura e dor e foram teu universo?

O rio numerável dos anos
extraviou-os; és uma palavra num índice.

A outros deram glória interminável os deuses,
inscrições e dísticos e monumentos e pontuais
    historiadores;
de ti apenas sabemos, obscuro amigo,
que ouviste o rouxinol, uma tarde.

Entre os asfódelos da sombra, tua inútil sombra
há de pensar que os deuses foram avaros.

Mas os dias são uma rede de triviais misérias
— e haverá melhor sorte do que a cinza
de que é feito o olvido?

Sobre otros arrojaron los dioses
la inexorable luz de la gloria, que mira las entrañas y
    enumera las grietas,
de la gloria, que acaba por ajar la rosa que venera;
contigo fueron más piadosos, hermano.

En el éxtasis de un atardecer que no será una noche,
oyes la voz del ruiseñor de Teócrito.

Sobre outros os deuses lançaram
a inexorável luz da glória, que observa as entranhas e
   enumera as gretas,
da glória, que acaba tirando o viço da rosa que venera;
contigo foram mais piedosos, irmão.

No êxtase de um entardecer que não será uma noite,
ouves a voz do rouxinol de Teócrito.

página para recordar al coronel suárez, vencedor en junín

Qué importan las penurias, el destierro,
la humillación de envejecer, la sombra creciente
del dictador sobre la patria, la casa en el Barrio del Alto
que vendieron sus hermanos mientras guerreaba,
    los días inútiles
(los días que uno espera olvidar, los días que uno sabe
    que olvidará),
si tuvo su hora alta, a caballo,
en la visible pampa de Junín como en un escenario para
    el futuro,
como si el anfiteatro de montañas fuera el futuro.

Qué importa el tiempo sucesivo si en él
hubo una plenitud, un éxtasis, una tarde.

Sirvió trece años en las guerras de América. Al fin
    la suerte lo llevó al Estado Oriental, a campos
    del Río Negro.
En los atardeceres pensaría
que para él había florecido esa rosa:
la encarnada batalla de Junín, el instante infinito

página para recordar o coronel suárez, vencedor em junín

Que importam as penúrias, o desterro,
a humilhação de envelhecer, a sombra crescente
do ditador sobre a pátria, a casa no Barrio del Alto
vendida por seus irmãos enquanto ele guerreava,
    os dias inúteis
(os dias que esperamos esquecer, os dias que sabemos
    que esqueceremos),
se teve sua hora alta, a cavalo,
no visível pampa de Junín como num cenário para
    o futuro,
como se o anfiteatro de montanhas fosse o futuro.

Que importa o tempo sucessivo se nele
houve uma plenitude, um êxtase, uma tarde.

Serviu treze anos nas guerras da América. No fim
    a sina o levou ao Estado Oriental, aos campos
    do Río Negro.
Nos entardeceres pensaria
que para ele florescera aquela rosa:
a encarnada batalha de Junín, o instante infinito

en que las lanzas se tocaron, la orden que movió
    la batalla,
la derrota inicial, y entre los fragores
(no menos brusca para él que para la tropa)
su voz gritando a los peruanos que arremetieran,
la luz, el ímpetu y la fatalidad de la carga,
el furioso laberinto de los ejércitos,
la batalla de lanzas en la que no retumbó un solo tiro,
el *godo* que atravesó con el hierro,
la victoria, la felicidad, la fatiga, un principio de sueño,
y la gente muriendo entre los pantanos,
y Bolívar pronunciando palabras sin duda históricas
y el sol ya occidental y el recuperado sabor del agua
    y del vino,
y aquel muerto sin cara porque la pisó y borró
    la batalla...

Su bisnieto escribe estos versos y una tácita voz
desde lo antiguo de la sangre le llega:
— Qué importa mi batalla de Junín si es una gloriosa
    memoria,
una fecha que se aprende para un examen o un lugar
    en el atlas.
La batalla es eterna y puede prescindir de la pompa
de visibles ejércitos con clarines;
Junín son dos civiles que en una esquina maldicen
    a un tirano,
o un hombre oscuro que se muere en la cárcel.

1953

em que as lanças se tocaram, a ordem que moveu
    a batalha,
a derrota inicial, e em meio aos fragores
(não menos brusca para ele do que para a tropa)
sua voz gritando para os peruanos que atacassem,
a luz, o ímpeto e a fatalidade do assalto,
o furioso labirinto dos exércitos,
a batalha de lanças em que nem um tiro retumbou,
o *godo* que atravessou com o ferro,
a vitória, a felicidade, a fadiga, um princípio de sono,
e as pessoas morrendo nos banhados,
e Bolívar pronunciando palavras por certo históricas
e o sol já ocidental e o recuperado sabor da água e do
    vinho,
e aquele morto sem rosto porque o pisou e apagou
    a batalha...

Seu bisneto escreve estes versos e uma tácita voz
lhe chega vinda do antigo de seu sangue:
— Que importa minha batalha de Junín se é uma
    gloriosa memória,
uma data que se aprende para um exame ou um lugar
    no atlas.
A batalha é eterna e pode prescindir da pompa
de visíveis exércitos com clarins;
Junín são dois civis que numa esquina amaldiçoam
    um tirano,
ou um homem obscuro que morre no cárcere.

1953

mateo, xxv, 30

El primer puente de Constitución y a mis pies
fragor de trenes que tejían laberintos de hierro.
Humo y silbatos escalaban la noche,
que de golpe fue el Juicio Universal. Desde el invisible
   horizonte
y desde el centro de mi ser, una voz infinita
dijo estas cosas (estas cosas, no estas palabras,
que son mi pobre traducción temporal de una sola
   palabra):
— Estrellas, pan, bibliotecas orientales y occidentales,
naipes, tableros de ajedrez, galerías, claraboyas
   y sótanos,
un cuerpo humano para andar por la tierra,
uñas que crecen en la noche, en la muerte,
sombra que olvida, atareados espejos que multiplican,
declives de la música, la más dócil de las formas del tiempo,
fronteras del Brasil y del Uruguay, caballos y mañanas,
una pesa de bronce y un ejemplar de la *Saga de Grettir*,
álgebra y fuego, la carga de Junín en tu sangre,
días más populosos que Balzac, el olor de la madreselva,
amor y víspera de amor y recuerdos intolerables,

mateus, 25, 30

A primeira ponte da estação Constitución e a meus pés
fragor de trens que tramavam labirintos de ferro.
Fumaça e apitos escalavam a noite,
que de repente foi o Juízo Universal. Do invisível
    horizonte
e do centro de meu ser, uma voz infinita
disse estas coisas (estas coisas, não estas palavras,
que são minha pobre tradução temporal de uma só
    palavra):
— Estrelas, pão, bibliotecas orientais e ocidentais,
baralhos, tabuleiros de xadrez, galerias, claraboias
    e porões,
um corpo humano para andar pela terra,
unhas que crescem na noite, na morte,
sombra que esquece, atarefados espelhos que multiplicam,
declives da música, a mais dócil das formas do tempo,
fronteiras do Brasil com o Uruguai, cavalos e manhãs,
um peso de bronze e um exemplar da *Saga de Grettir*,
álgebra e fogo, a batalha de Junín em teu sangue,
dias mais populosos que Balzac, o aroma da madressilva,
amor e véspera de amor e lembranças intoleráveis,

el sueño como un tesoro enterrado, el dadivoso azar
y la memoria, que el hombre no mira sin vértigo,
todo eso te fue dado, y también
el antiguo alimento de los héroes:
la falsía, la derrota, la humillación.
En vano te hemos prodigado el océano;
en vano el sol, que vieron los maravillados ojos de
    Whitman;
has gastado los años y te han gastado,
y todavía no has escrito el poema.

1953

o sonho como um tesouro enterrado, o dadivoso acaso
e a memória, que o homem não contempla sem vertigem,
tudo isso te foi dado, e ainda
o antigo alimento dos heróis:
a falsidade, a derrota, a humilhação.
Em vão te prodigalizamos o oceano;
em vão o sol, que viram os maravilhados olhos de
    Whitman;
gastaste os anos e eles te gastaram,
e ainda não escreveste o poema.

1953

una brújula

A Esther Zemborain de Torres

Todas las cosas son palabras del
idioma en que Alguien o Algo, noche y día,
escribe esa infinita algarabía
que es la historia del mundo. En su tropel

pasan Cartago y Roma, yo, tú, él,
mi vida que no entiendo, esta agonía
de ser enigma, azar, criptografía
y toda la discordia de Babel.

Detrás del nombre hay lo que no se nombra;
hoy he sentido gravitar su sombra
en esta aguja azul, lúcida y leve,

que hacia el confín de un mar tiende su empeño,
con algo de reloj visto en un sueño
y algo de ave dormida que se mueve.

uma bússola

para Esther Zemborain de Torres

Todas as coisas são palavras da
língua em que Alguém ou Algo, noite e dia,
escreve essa infinita algaravia
que é a história do mundo. Na toada

passam Cartago e Roma, eu, tu, ele,
minha vida que não capto, a agonia
de ser enigma, azar, criptografia
e todo o desacordo de Babel.

Por trás do nome está o que não tem nome;
hoje senti gravitar tua sombra
naquela agulha azul, lúcida e leve,

que até o confim de um mar estende o empenho,
com algo de relógio visto em sonho
e algo de ave dormindo que estremece.

una llave en salónica

Abarbanel, Farías o Pinedo,
arrojados de España por impía
persecución, conservan todavía
la llave de una casa de Toledo.

Libres ahora de esperanza y miedo,
miran la llave al declinar el día;
en el bronce hay ayeres, lejanía,
cansado brillo y sufrimiento quedo.

Hoy que su puerta es polvo, el instrumento
es cifra de la diáspora y del viento,
afín a esa otra llave del santuario

que alguien lanzó al azul, cuando el romano
acometió con fuego temerario,
y que en el cielo recibió una mano.

uma chave em salônica

Abarbanel, Farías ou Pinedo,
exilados da Espanha por malvada
perseguição, até hoje têm guardada
a chave de uma casa de Toledo.

Livres agora de esperança e medo,
olham a chave ao declinar o dia;
no bronze existem ontens e distância,
cansado brilho e sofrimento quedo.

Hoje que a porta é pó, o instrumento
é cifra da diáspora e do vento,
afim a essa outra chave do santuário

que alguém lançou no azul, quando o romão
acometeu com fogo temerário
e que no céu recebeu certa mão.

un poeta del siglo XIII

Vuelve a mirar los arduos borradores
de aquel primer soneto innominado,
la página arbitraria en que ha mezclado
tercetos y cuartetos pecadores.

Lima con lenta pluma sus rigores
y se detiene. Acaso le ha llegado
del porvenir y de su horror sagrado
un rumor de remotos ruiseñores.

¿Habrá sentido que no estaba solo
y que el arcano, el increíble Apolo
le había revelado un arquetipo,

un ávido cristal que apresaría
cuanto la noche cierra o abre el día:
dédalo, laberinto, enigma, Edipo?

um poeta do século XIII

Reconsidera os árduos borradores
de um primeiro soneto inominado,
na página arbitrária enfileirados
tercetos e quartetos pecadores.

Lima com grave pena os seus rigores
e se detém. Talvez tenha captado
do futuro e do seu horror sagrado
de rouxinóis remotos os rumores.

Sentiu talvez que estava acompanhado
e que o arcano, Apolo inigualado
lhe havia revelado algum arquétipo,

um ávido cristal que colheria
tudo o que a noite encerra ou abre o dia:
dédalo, enigma, labirinto, Édipo?

un soldado de urbina

Sospechándose indigno de otra hazaña
como aquélla en el mar, este soldado,
a sórdidos oficios resignado,
erraba oscuro por su dura España.

Para borrar o mitigar la saña
de lo real, buscaba lo soñado
y le dieron un mágico pasado
los ciclos de Rolando y de Bretaña.

Contemplaría, hundido el sol, el ancho
campo en que dura un resplandor de cobre;
se creía acabado, solo y pobre,

sin saber de qué música era dueño;
atravesando el fondo de algún sueño,
por él ya andaban don Quijote y Sancho.

um soldado de urbina

Crendo-se indigno de outra façanha
como aquela no mar, esse soldado,
a sórdidos ofícios resignado,
errava obscuro por sua dura Espanha.

Para apagar ou mitigar a sanha
do real, ia em busca do sonhado
e lhe deram um mágico passado
os ciclos de Rolando e da Bretanha.

Contemplaria, posto o sol, o ancho
campo em que dura um reflexo de cobre;
se imaginava só, acabado, pobre,

sem saber de que música era dono;
atravessando o fundo de algum sonho,
encontrou-se com dom Quixote e Sancho.

límites

De estas calles que ahondan el poniente,
una habrá (no sé cuál) que he recorrido
ya por última vez, indiferente
y sin adivinarlo, sometido

a Quien prefija omnipotentes normas
y una secreta y rígida medida
a las sombras, los sueños y las formas
que destejen y tejen esta vida.

Si para todo hay término y hay tasa
y última vez y nunca más y olvido
¿quién nos dirá de quién, en esta casa,
sin saberlo, nos hemos despedido?

Tras el cristal ya gris la noche cesa
y del alto de libros que una trunca
sombra dilata por la vaga mesa,
alguno habrá que no leeremos nunca.

limites

Dentre as ruas que afundam o poente,
alguma (não sei qual) eu percorri
por uma última vez, indiferente
e, sem adivinhá-lo, obedeci

a Quem prefixa onipotentes normas
e uma secreta e rígida medida
às sombras, e aos sonhos, e às formas
que tramam e destramam esta vida.

Se para tudo existe regra e usura
e olvido e nunca mais e última vez,
quem nos dirá a quem, a esta altura,
sem perceber, já dissemos adeus?

Por trás do vidro cinza a noite cessa
e da pilha de livros que uma adunca
sombra dilata sobre a vaga mesa,
alguns por certo não leremos nunca.

Hay en el Sur más de un portón gastado
con sus jarrones de mampostería
y tunas, que a mi paso está vedado
como si fuera una litografía.

Para siempre cerraste alguna puerta
y hay un espejo que te aguarda en vano;
la encrucijada te parece abierta
y la vigila, cuadrifronte, Jano.

Hay, entre todas tus memorias, una
que se ha perdido irreparablemente;
no te verán bajar a aquella fuente
ni el blanco sol ni la amarilla luna.

No volverá tu voz a lo que el persa
dijo en su lengua de aves y de rosas,
cuando al ocaso, ante la luz dispersa,
quieras decir inolvidables cosas.

¿Y el incesante Ródano y el lago,
todo ese ayer sobre el cual hoy me inclino?
Tan perdido estará como Cartago
que con fuego y con sal borró el latino.

Creo en el alba oír un atareado
rumor de multitudes que se alejan;
son lo que me ha querido y olvidado;
espacio y tiempo y Borges ya me dejan.

Há no Sul tanto portal desgastado
com seus jarrões feitos de alvenaria
e tunas, que ao meu passo está vedado
como se fosse uma litografia.

Para sempre fechaste alguma porta
e há um espelho que te aguarda em vão;
a encruzilhada te parece aberta
e o quadrifronte Jano diz que não.

Uma entre todas as memórias tuas
já se perdeu irreparavelmente;
não te verão descer a essa nascente
nem branco sol nem amarela lua.

Não tornará tua voz ao que o persa
disse em sua língua de aves e de rosas,
quando ao ocaso, vendo a luz dispersa,
queiras dizer inolvidáveis coisas.

E o incessante Ródano e o lago,
todo esse ontem sobre o qual me inclino?
Tão perdido estará quanto Cartago
que a fogo e sal aboliu o latino.

Na aurora penso ouvir um escarcéu
como o rumor de turbas que se apartam;
são tudo o que me amou e me esqueceu;
espaço e tempo e Borges já se afastam.

baltasar gracián

Laberintos, retruécanos, emblemas,
helada y laboriosa nadería,
fue para este jesuita la poesía,
reducida por él a estratagemas.

No hubo música en su alma; sólo un vano
herbario de metáforas y argucias
y la veneración de las astucias
y el desdén de lo humano y sobrehumano.

No lo movió la antigua voz de Homero
ni esa, de plata y luna, de Virgilio;
no vio al fatal Edipo en el exilio
ni a Cristo que se muere en un madero.

A las claras estrellas orientales
que palidecen en la vasta aurora,
apodó con palabra pecadora
gallinas de los campos celestiales.

baltasar gracián

Labirintos, antíteses, emblemas,
gelada e laboriosa ninharia,
foi para aquele jesuíta a poesia,
reduzida por ele a estratagemas.

Sem música, sua alma era um inútil
herbário de metáforas e argúcia
mais a veneração de toda astúcia
e o humano e o sobre-humano ter por fútil.

Não o moveu a antiga voz de Homero
nem a de prata e lua de Virgílio;
não viu o fatal Édipo no exílio
nem viu Cristo morrendo num madeiro.

E essas claras estrelas orientais
que empalidecem numa vasta aurora,
designou com palavra pecadora
galinhas das pastagens celestiais.

Tan ignorante del amor divino
como del otro que en las bocas arde,
lo sorprendió la Pálida una tarde
leyendo las estrofas del Marino.

Su destino ulterior no está en la historia;
librado a las mudanzas de la impura
tumba el polvo que ayer fue su figura,
el alma de Gracián entró en la gloria.

¿Qué habrá sentido al contemplar de frente
los Arquetipos y los Esplendores?
Quizá lloró y se dijo: Vanamente
busqué alimento en sombras y en errores.

¿Qué sucedió cuando el inexorable
sol de Dios, La Verdad, mostró su fuego?
Quizá la luz de Dios lo dejó ciego
en mitad de la gloria interminable.

Sé de otra conclusión. Dado a sus temas
minúsculos, Gracián no vio la gloria
y sigue resolviendo en la memoria
laberintos, retruécanos y emblemas.

Tão ignorante foi do amor divino
quanto do outro que nas bocas arde,
surpreendeu-o a Pálida uma tarde
percorrendo as estrofes de Marino.

Seu destino ulterior escapa à história;
entregue às metamorfoses da impura
tumba o pó que já foi sua figura,
a alma de Gracián entrou na glória.

Que sentiria ao ver-se frente a frente
com os Arquétipos e os Esplendores?
Talvez chorando dissesse: Inutilmente
busquei sustento em sombras e em enganos.

Que aconteceu ao ver o inexorável
sol de Deus, A Verdade, com seu fogo?
Talvez com a luz de Deus ficasse cego
na metade da glória interminável.

Sei de outra conclusão. Dado a seus temas
minúsculos, Gracián não viu a glória
e até hoje revolve na memória
labirintos, antíteses e emblemas.

un sajón
(449 a. d.)

Ya se había hundido la encorvada luna;
lento en el alba el hombre rubio y rudo
pisó con receloso pie desnudo
la arena minuciosa de la duna.

Más allá de la pálida bahía,
blancas tierras miró y negros alcores,
en esa hora elemental del día
en que Dios no ha creado los colores.

Era tenaz. Obraron su fortuna
remos, redes, arado, espada, escudo;
la dura mano que guerreaba pudo
grabar con hierro una porfiada runa.

De una tierra de ciénagas venía
a ésta que roen los pesados mares;
sobre él se abovedaba como el día
el Destino, y también sobre sus lares,

um saxão
(449 a.d.)

Já submergira a recurvada lua;
lento na aurora o homem claro e tosco
pisou com pé descalço receoso
a areia minuciosa de uma duna.

Do outro lado da pálida baía,
viu brancas terras e negros pendores,
naquela hora elementar do dia
em que Deus não criou ainda as cores.

Era tenaz. Fizeram sua fortuna
remos, redes, arado, escudo, espada;
e a mesma mão que guerreava irada
gravou a ferro uma porfiada runa.

De uma terra de pântanos chegava
a esta, roída por pesados mares;
sobre ele como o dia se abaulava
o Destino, e também sobre seus lares,

Woden o Thunor, que con torpe mano
engalanó de trapos y de clavos
y en cuyo altar sacrificó al arcano
caballos, perros, pájaros y esclavos.

Para cantar memorias o alabanzas
amonedaba laboriosos nombres;
la guerra era el encuentro de los hombres
y también el encuentro de las lanzas.

Su mundo era de magias en los mares,
de reyes y de lobos y del Hado
que no perdona y del horror sagrado
que hay en el corazón de los pinares.

Traía las palabras esenciales
de una lengua que el tiempo exaltaría
a música de Shakespeare: noche, día,
agua, fuego, colores y metales,

hambre, sed, amargura, sueño, guerra,
muerte y los otros hábitos humanos;
en arduos montes y en abiertos llanos,
sus hijos engendraron a Inglaterra.

Woden ou Thunor, que com mão inepta
engalanou de pregos e de panos
e em cujo altar imolou aos arcanos
cães e cavalos, pássaros e escravos.

Para cantar as glórias e lembranças
amealhava laboriosos nomes;
se era a guerra a conjunção dos homens,
era também a conjunção das lanças.

Seu mundo era de mágicas nos mares,
de lobos, soberanos, e do Fado
que não perdoa e do horror sagrado
que há no coração dos pinheirais.

Carregava as palavras essenciais
de uma língua que o tempo exaltaria
a música de Shakespeare: noite, dia,
a água, o fogo, as cores e os metais,

fome, sede, amargura, sonho, guerra,
morte, e os demais usos humanos;
em árduos montes e espaçosos lhanos,
seus filhos engendraram a Inglaterra.

el golem

Si (como el griego afirma en el Cratilo)
el nombre es arquetipo de la cosa,
en las letras de *rosa* está la rosa
y todo el Nilo en la palabra *Nilo.*

Y, hecho de consonantes y vocales,
habrá un terrible Nombre, que la esencia
cifre de Dios y que la Omnipotencia
guarde en letras y sílabas cabales.

Adán y las estrellas lo supieron
en el jardín. La herrumbre del pecado
(dicen los cabalistas) lo ha borrado
y las generaciones lo perdieron.

Los artificios y el candor del hombre
no tienen fin. Sabemos que hubo un día
en que el pueblo de Dios buscaba el Nombre
en las vigilias de la judería.

o golem

Se (como no Crátilo afirmava o grego)
o nome é o arquétipo da coisa,
em suas letras *rosa* tem a rosa
e na palavra *Nilo* cabe o Nilo.

E, feito de consoantes e vogais,
Nome terrível há de haver, que a essência
cifre de Deus e que a Onipotência
guarde em letras e sílabas cabais.

Adão e as estrelas o souberam
no Éden. Com a ferrugem do pecado
(dizem os cabalistas) foi velado
e as gerações humanas o perderam.

Os artifícios e o candor do homem
nunca têm fim. Sabemos que houve um dia
em que o povo de Deus buscava o Nome
pelas vigílias da judiaria.

No a la manera de otras que una vaga
sombra insinúan en la vaga historia,
aún está verde y viva la memoria
de Judá León, que era rabino en Praga.

Sediento de saber lo que Dios sabe,
Judá León se dio a permutaciones
de letras y a complejas variaciones
y al fin pronunció el Nombre que es la Clave,

la Puerta, el Eco, el Huésped y el Palacio,
sobre un muñeco que con torpes manos
labró, para enseñarle los arcanos
de las Letras, del Tiempo y del Espacio.

El simulacro alzó los soñolientos
párpados y vio formas y colores
que no entendió, perdidos en rumores
y ensayó temerosos movimientos.

Gradualmente se vio (como nosotros)
aprisionado en esta red sonora
de Antes, Después, Ayer, Mientras, Ahora,
Derecha, Izquierda, Yo, Tú, Aquellos, Otros.

(El cabalista que ofició de numen
a la vasta criatura apodó Golem;
estas verdades las refiere Scholem
en un docto lugar de su volumen.)

Não à maneira de outras que uma vaga
sombra insinuam na imprecisa história,
ainda está verde e vívida a memória
de Judá León, que era rabino em Praga.

Sedento de saber o que Deus sabe,
Judá León obrou permutações
de letras e complexas variações
e um dia disse o Nome que é a Chave,

a Porta, o Eco, o Hóspede e o Palácio,
sobre um boneco que com mãos inábeis
lavrou, para os arcanos ensinar-lhe
das Letras, e do Tempo, e do Espaço.

O simulacro ergueu as sonolentas
pálpebras e viu formas e cores
incompreensíveis, em meio a rumores
e ensaiou temerosos movimentos.

Gradualmente se viu (como nós)
aprisionado na rede sonora
de Antes, Depois, Ontem, Enquanto, Agora,
Direita, Esquerda, Eu, Tu, Eles, Vós.

(O cabalista que agiu como nume
à vasta criatura chamou Golem;
dessas verdades dá notícia Scholem
em um douto lugar de seu volume.)

El rabí le explicaba el universo
Esto es mi pie; esto el tuyo; esto la soga
y logró, al cabo de años, que el perverso
barriera bien o mal la sinagoga.

Tal vez hubo un error en la grafía
o en la articulación del Sacro Nombre;
a pesar de tan alta hechicería,
no aprendió a hablar el aprendiz de hombre.

Sus ojos, menos de hombre que de perro
y harto menos de perro que de cosa,
seguían al rabí por la dudosa
penumbra de las piezas del encierro.

Algo anormal y tosco hubo en el Golem,
ya que a su paso el gato del rabino
se escondía. (Ese gato no está en Scholem
pero, a través del tiempo, lo adivino.)

Elevando a su Dios manos filiales,
las devociones de su Dios copiaba
o, estúpido y sonriente, se ahuecaba
en cóncavas zalemas orientales.

El rabí lo miraba con ternura
y con algún horror. *¿Cómo* (se dijo)
pude engendrar este penoso hijo
y la inacción dejé, que es la cordura?

O rabi lhe explicava o universo
Isto é meu pé; isto o teu; e isto a soga
e conseguiu, em anos, que o perverso
varresse bem ou mal a sinagoga.

Talvez houvesse um erro na grafia
ou na forma de falar o Sacro Nome;
porque mesmo com essa alta bruxaria,
nunca falou, o aprendiz de homem.

Seus olhos, menos de homem que de cão
e bem menos de cão do que de coisa,
seguiam o rabino na imprecisa
penumbra que toldava a reclusão.

Algo anormal e tosco houve no Golem,
pois se passava, o gato do rabino
se escondia. (Não fala em gato Scholem
mas, através do tempo, eu o adivinho.)

Elevando a seu Deus as mãos filiais,
as devoções desse seu Deus copiava
ou, tonto e sorridente, se encurvava
em côncavas mesuras orientais.

O rabino o olhava com ternura
e com um certo horror. *Como* (pensou)
pude gerar este penoso filho
deixando a inação, que é a cordura?

¿Por qué di en agregar a la infinita
serie un símbolo más? ¿Por qué a la vana
madeja que en lo eterno se devana,
di otra causa, otro efecto y otra cuita?

En la hora de angustia y de luz vaga,
en su Golem los ojos detenía.
¿Quién nos dirá las cosas que sentía
Dios, al mirar a su rabino en Praga?

1958

Por que um símbolo mais à sucessão
infinda acrescentei? Por que à meada
inútil que no eterno está enrolada
dei outra causa e efeito, e outra aflição?

Nos momentos de angústia e de luz vaga,
a seu Golem os olhos dirigia.
Quem nos dirá as coisas que sentia
Deus, ao olhar o seu rabino em Praga?

1958

el tango

¿Dónde estarán? pregunta la elegía
de quienes ya no son, como si hubiera
una región en que el Ayer pudiera
ser el Hoy, el Aún y el Todavía.

¿Dónde estará (repito) el malevaje
que fundó en polvorientos callejones
de tierra o en perdidas poblaciones
la secta del cuchillo y del coraje?

¿Dónde estarán aquellos que pasaron,
dejando a la epopeya un episodio,
una fábula al tiempo, y que sin odio,
lucro o pasión de amor se acuchillaron?

Los busco en su leyenda, en la postrera
brasa que, a modo de una vaga rosa,
guarda algo de esa chusma valerosa
de los Corrales y de Balvanera.

o tango

Onde estarão?, pergunta a elegia
dos que já não estão, como se houvesse
uma região em que o Ontem pudesse
ser o Hoje, o Para Sempre, o Todavia.

Onde estará (repito) o personagem
que fundou, na poeira das vielas
de terra ou em perdidos vilarejos
a seita do facão e da coragem?

Onde estarão aqueles que passaram,
deixando na epopeia um episódio,
uma lenda no tempo, e que sem ódio,
lucro ou paixão de amor se esfaquearam?

Busco-os na lenda, e na derradeira
brasa que, ao modo de uma incerta rosa,
retém algo da plebe valorosa
que é dos Corrales e de Balvanera.

¿Qué oscuros callejones o qué yermo
del otro mundo habitará la dura
sombra de aquel que era una sombra oscura,
Muraña, ese cuchillo de Palermo?

¿Y ese Iberra fatal (de quien los santos
se apiaden) que en un puente de la vía,
mató a su hermano el Ñato, que debía
más muertes que él, y así igualó los tantos?

Una mitología de puñales
lentamente se anula en el olvido;
una canción de gesta se ha perdido
en sórdidas noticias policiales.

Hay otra brasa, otra candente rosa
de la ceniza que los guarda enteros;
ahí están los soberbios cuchilleros
y el peso de la daga silenciosa.

Aunque la daga hostil o esa otra daga,
el tiempo, los perdieron en el fango,
hoy, más allá del tiempo y de la aciaga
muerte, esos muertos viven en el tango.

En la música están, en el cordaje
de la terca guitarra trabajosa,
que trama en la milonga venturosa
la fiesta y la inocencia del coraje.

Em que becos escuros, em que ermo
de um outro mundo viverá a dura
sombra daquele que era sombra escura,
Muraña, essa cuchila de Palermo?

E esse Iberra fatal (a quem os santos
perdoem), que em algum desvão da via
matou seu irmão Ñato, que devia
mais mortes que ele, e ficou tanto quanto?

Uma mitologia de punhais
lentamente se esvai no esquecimento;
uma canção de gesta perde o alento
em sórdidas notícias policiais.

Há uma outra brasa, outra candente rosa
da cinza que os preserva ainda inteiros;
ali estão os altivos cuchileiros
e o peso da adaga silenciosa.

Mesmo que a adaga hostil ou a outra adaga,
que é o tempo, perdessem-nos no lodo,
hoje, além do tempo e da aziaga
morte, esses mortos ainda estão no tango.

Na música estão eles, na cordagem
da obstinada guitarra trabalhosa,
que tece na milonga venturosa
a festa e a inocência da coragem.

Gira en el hueco la amarilla rueda
de caballos y leones, y oigo el eco
de esos tangos de Arolas y de Greco
que yo he visto bailar en la vereda,

en un instante que hoy emerge aislado,
sin antes ni después, contra el olvido,
y que tiene el sabor de lo perdido,
de lo perdido y lo recuperado.

En los acordes hay antiguas cosas:
el otro patio y la entrevista parra.
(Detrás de las paredes recelosas
el Sur guarda un puñal y una guitarra.)

Esa ráfaga, el tango, esa diablura,
los atareados años desafía;
hecho de polvo y tiempo, el hombre dura
menos que la liviana melodía,

que sólo es tiempo. El tango crea un turbio
pasado irreal que de algún modo es cierto,
el recuerdo imposible de haber muerto
peleando, en una esquina del suburbio.

Gira no vácuo a amarela roda
de cavalos e leões, e escuto o eco
desses tangos de Arolas e de Greco
que vi serem dançados na calçada,

num instante que hoje está isolado,
sem antes nem depois, contra o olvido,
e que tem o sabor do que é perdido,
do que é perdido e é recuperado.

Nesses acordes há antigas coisas:
o outro pátio e a entrevista parra.
(Por detrás das paredes receosas
o Sul guarda um punhal e uma guitarra.)

Essa rajada, o tango, essa diabrura,
os anos operosos desafia;
feito de pó e de tempo, o homem dura
menos do que a leviana melodia,

que é só tempo. O tango cria um turvo
passado irreal que de algum modo houve,
a lembrança impossível de, lutando,
morrer em uma esquina de subúrbio.

el otro

En el primero de sus largos miles
de hexámetros de bronce invoca el griego
a la ardua musa o a un arcano fuego
para cantar la cólera de Aquiles.
Sabía que otro — un Dios — es el que hiere
de brusca luz nuestra labor oscura;
siglos después diría la Escritura
que el Espíritu sopla donde quiere.
La cabal herramienta a su elegido
da el despiadado dios que no se nombra:
a Milton las paredes de la sombra,
el destierro a Cervantes y el olvido.
Suyo es lo que perdura en la memoria
del tiempo secular. Nuestra la escoria.

o outro

No primeiro de seus diversos mil
hexâmetros de bronze invoca o grego
a árdua musa ou um arcano fogo
para cantar a cólera de Aquiles.
Sabia que é um outro — um Deus — que fere
com brusca luz nossa tarefa obscura;
e séculos mais tarde a Escritura
dirá que o Espírito sopra onde ele quer.
A cabal ferramenta ao escolhido
entrega o deus feroz que não tem nome:
Milton recebe as paredes da sombra,
para Cervantes, desterro e olvido.
É dele o que perdura na memória
do tempo secular. E nossa é a escória.

una rosa y milton

De las generaciones de las rosas
que en el fondo del tiempo se han perdido
quiero que una se salve del olvido,
una sin marca o signo entre las cosas
que fueron. El destino me depara
este don de nombrar por vez primera
esa flor silenciosa, la postrera
rosa que Milton acercó a su cara,
sin verla. Oh tú bermeja o amarilla
o blanca rosa de un jardín borrado,
deja mágicamente tu pasado
inmemorial y en este verso brilla,
oro, sangre o marfil o tenebrosa
como en sus manos, invisible rosa.

uma rosa e milton

Das infinitas gerações de rosas
que se perderam no fundo do tempo
uma deve sair do esquecimento,
uma sem marca ou signo em meio às coisas
que foram. O destino me oferece
o dom de nomear por vez primeira
a flor silenciosa, a derradeira
rosa que Milton achegou à face,
sem vê-la. Ó tu, vermelha ou amarela
ou branca rosa de um jardim vedado,
deixa magicamente teu passado
imemorial e neste verso brilha,
ouro, sangue ou marfim ou tenebrosa
como em suas mãos, ó invisível rosa.

lectores

De aquel Hidalgo de cetrina y seca
tez y de heroico afán se conjetura
que, en víspera perpetua de aventura,
no salió nunca de su biblioteca.
La crónica puntual que sus empeños
narra y sus tragicómicos desplantes
fue soñada por él, no por Cervantes,
y no es más que una crónica de sueños.
Tal es también mi suerte. Sé que hay algo
inmortal y esencial que he sepultado
en esa biblioteca del pasado
en que leí la historia del hidalgo.
Las lentas hojas vuelve un niño y grave
sueña con vagas cosas que no sabe.

leitores

Daquele Hidalgo de citrina e seca
tez e de heroico afã se conjectura
que, em véspera perpétua de aventura,
não saiu nunca de sua biblioteca.
A crônica pontual que seus empenhos
narra e seus tragicômicos desplantes
por ele foi sonhada, não Cervantes,
sendo apenas uma crônica de sonhos.
É esse o meu destino. Sei que há algo
imortal e essencial morto e enterrado
naquela biblioteca do passado
em que li a história do fidalgo.
Lento e grave um menino vira as páginas:
sonha com vagas coisas que não sabe.

juan, I, 14

Refieren las historias orientales
la de aquel rey del tiempo, que sujeto
a tedio y esplendor, sale en secreto
y solo, a recorrer los arrabales

y a perderse en la turba de las gentes
de rudas manos y de oscuros nombres;
hoy, como aquel Emir de los Creyentes,
Harún, Dios quiere andar entre los hombres

y nace de una madre, como nacen
los linajes que en polvo se deshacen,
y le será entregado el orbe entero,

aire, agua, pan, mañanas, piedra y lirio,
pero después la sangre del martirio,
el escarnio, los clavos y el madero.

joão, 1, 14

Relatam as histórias orientais
uma de um rei do tempo, que servido
de tédio e esplendor, vai escondido
e sozinho percorrer os arrabaldes

e perder-se na confusão das gentes
de rudes mãos e de obscuros nomes;
hoje, tal como aquele Emir dos Crentes,
Harum, Deus quer andar em meio aos homens

e nasce de uma mãe, tal como nascem
as linhagens que em poeira se desfazem,
e ser-lhe-á entregue o orbe inteiro,

ar, água, pão, manhãs, pedras e lírio,
só que, depois, o sangue do martírio,
a zombaria, os pregos e o madeiro.

el despertar

Entra la luz y asciendo torpemente
de los sueños al sueño compartido
y las cosas recobran su debido
y esperado lugar y en el presente
converge abrumador y vasto el vago
ayer: las seculares migraciones
del pájaro y del hombre, las legiones
que el hierro destrozó, Roma y Cartago.
Vuelve también la cotidiana historia:
mi voz, mi rostro, mi temor, mi suerte.
¡Ah, si aquel otro despertar, la muerte,
me deparara un tiempo sin memoria
de mi nombre y de todo lo que he sido!
¡Ah, si en esa mañana hubiera olvido!

o despertar

Entra a luz e ascendo tontamente
dos sonhos para o sono partilhado
e as coisas recuperam o esperado
e devido lugar e em meu presente
converge esmagador e vasto o vago
ontem: as seculares migrações
do pássaro e do homem, as legiões
que o ferro destroçou, Roma e Cartago.
Volta também a cotidiana história:
meu rosto, minha voz, temor e sorte.
Ah, se aquele outro despertar, a morte,
me oferecesse um tempo sem memória
de meu nome e de tudo o mais que fui!
Ah, se nesta manhã houvesse olvido!

a quien ya no es joven

Ya puedes ver el trágico escenario
y cada cosa en el lugar debido;
la espada y la ceniza para Dido
y la moneda para Belisario.

¿A qué sigues buscando en el brumoso
bronce de los hexámetros la guerra
si están aquí los siete pies de tierra,
la brusca sangre y el abierto foso?

Aquí te acecha el insondable espejo
que soñará y olvidará el reflejo
de tus postrimerías y agonías.

Ya te cerca lo último. Es la casa
donde tu lenta y breve tarde pasa
y la calle que ves todos los días.

a quem já não é jovem

Já podes ver o trágico cenário
e cada coisa no lugar devido;
as cinzas e a espada para Dido
e a moeda para Belisário.

Por que ainda procuras no brumoso
bronze desses hexâmetros a guerra
se estão aqui os sete pés de terra,
o brusco sangue e o aberto fosso?

Aqui te espreita o insondável espelho
que sonhará e esquecerá o reflexo
de teu final e tuas agonias.

Já te cerca o que vem. É esta casa
em que tua lenta e breve tarde passa
e essa rua que vês todos os dias.

alexander selkirk

Sueño que el mar, el mar aquél, me encierra
y del sueño me salvan las campanas
de Dios, que santifican las mañanas
de estos íntimos campos de Inglaterra.

Cinco años padecí mirando eternas
cosas de soledad y de infinito,
que ahora son esa historia que repito,
ya como una obsesión, en las tabernas.

Dios me ha devuelto al mundo de los hombres,
a espejos, puertas, números y nombres,
y ya no soy aquel que eternamente

miraba el mar y su profunda estepa
¿y cómo haré para que ese otro sepa
que estoy aquí, salvado, entre mi gente?

alexander selkirk

Sonho que o mar, aquele mar, me encerra
e que do sonho me salvam os sinos
de Deus, que toda manhã santificam
dos recônditos campos da Inglaterra.

Cinco anos padeci fitando eternas
coisas de solidão e de infinito,
que hoje são essa história que repito,
já como uma obsessão, pelas tavernas.

Deus devolveu-me ao mundo dos homens,
a espelhos, portas, números e nomes,
e já não sou o que, eternamente,

olhava o mar e sua estepe funda.
E que fazer para que esse outro acuda
que estou a salvo, aqui, com minha gente?

odisea, libro vigésimo tercero

Ya la espada de hierro ha ejecutado
la debida labor de la venganza;
ya los ásperos dardos y la lanza
la sangre del perverso han prodigado.

A despecho de un dios y de sus mares
a su reino y su reina ha vuelto Ulises,
a despecho de un dios y de los grises
vientos y del estrépito de Ares.

Ya en el amor del compartido lecho
duerme la clara reina sobre el pecho
de su rey pero ¿dónde está aquel hombre

que en los días y noches del destierro
erraba por el mundo como un perro
y decía que Nadie era su nombre?

odisseia, vigésimo terceiro livro

Já uma espada de ferro executou
o labor esperado da vingança;
já os ásperos dardos, mais a lança
derramaram o sangue do perverso.

A despeito de um deus e de seus mares
a sua rainha e seu reino volta Ulisses,
a despeito de um deus e de infelizes
ventos e do estrépito de Ares.

Dorme no amor do partilhado leito
já a clara rainha sobre o peito
de seu rei — e onde está aquele homem

que nos dias e noites de proscrito
errava pelo mundo qual maldito
dizendo que Ninguém era o seu nome?

él

Los ojos de tu carne ven el brillo
del insufrible sol, tu carne toca
polvo disperso o apretada roca;
Él es la luz, lo negro y lo amarillo.
Es y los ve. Desde incesantes ojos
te mira y es los ojos que un reflejo
indagan y los ojos del espejo,
las negras hidras y los tigres rojos.
No le basta crear. Es cada una
de las criaturas de Su extraño mundo:
las porfiadas raíces del profundo
cedro y las mutaciones de la luna.
Me llamaban Caín. Por mí el Eterno
sabe el sabor del fuego del infierno.

ele

Os olhos da tua carne veem o brilho
do intolerável sol, tua carne sente
o pó disperso e a rocha apertada;
Ele é a luz, o negro e o amarelo.
É e os vê. Com olhos incessantes
te contempla e é os olhos que um reflexo
indagam e é os olhos do espelho,
as negras hidras e os tigres rubros.
Não Lhe basta criar. É cada uma
das criaturas de Seu estranho mundo:
as porfiadas raízes do profundo
cedro e também as mutações da lua.
Meu nome era Caim. Por mim o Eterno
sabe o sabor do fogo dos infernos.

sarmiento

No lo abruman el mármol y la gloria.
Nuestra asidua retórica no lima
su áspera realidad. Las aclamadas
fechas de centenarios y de fastos
no hacen que este hombre solitario sea
menos que un hombre. No es un eco antiguo
que la cóncava fama multiplica
o, como éste o aquél, un blanco símbolo
que pueden manejar las dictaduras.
Es él. Es el testigo de la patria,
el que ve nuestra infamia y nuestra gloria,
la luz de Mayo y el horror de Rosas
y el otro horror y los secretos días
del minucioso porvenir. Es alguien
que sigue odiando, amando y combatiendo.
Sé que en aquellas albas de setiembre
que nadie olvidará y que nadie puede
contar, lo hemos sentido. Su obstinado
amor quiere salvarnos. Noche y día
camina entre los hombres, que le pagan
(porque no ha muerto) su jornal de injurias

sarmiento

Não o sufocam o mármore e a glória.
Nossa assídua retórica não lima
sua rude realidade. As aclamadas
datas de centenários e de fastos
não fazem desse homem solitário
menos que um homem. Não é eco antigo
o que a côncava fama multiplica
ou, como este ou aquele, um branco símbolo
que podem manejar as ditaduras.
É ele. A testemunha desta pátria,
o que vê nossa infâmia e nossa glória,
a luz de Mayo e o horror de Rosas
e o outro horror e os secretos dias
do minucioso futuro. Ele é alguém
que segue odiando, amando e combatendo.
Sei que naquelas albas de setembro,
inesquecíveis, que ninguém consegue
narrar, o percebemos. Seu teimoso
amor quer nos salvar. E noite e dia
caminha em meio aos homens, que lhe pagam
(pois não morreu) o seu farnel de insultos

o de veneraciones. Abstraído
en su larga visión como en un mágico
cristal que a un tiempo encierra las tres caras
del tiempo que es después, antes, ahora,
Sarmiento el soñador sigue soñándonos.

ou vênias. Absorto ele prossegue
em sua ampla visão, como num mágico
cristal que encerra os três rostos do tempo
a um só tempo o depois, o antes, o agora,
sonhando-nos Sarmiento, o sonhador.

a un poeta menor de 1899

Dejar un verso para la hora triste
que en el confín del día nos acecha,
ligar tu nombre a su doliente fecha
de oro y de vaga sombra. Eso quisiste.
¡Con qué pasión, al declinar el día,
trabajarías el extraño verso
que, hasta la dispersión del universo,
la hora de extraño azul confirmaría!
No sé si lo lograste siquiera,
vago hermano mayor, si has existido,
pero estoy solo y quiero que el olvido
restituya a los días tu ligera
sombra para este ya cansado alarde
de unas palabras en que esté la tarde.

a um poeta menor de 1899

Deixar um verso para a hora triste
que nos espreita no confim do dia,
ligar teu nome a essa hora tardia
de ouro e de vaga sombra. É o que quiseste.
Com que paixão, ao declinar o dia,
trabalharias o estranho verso
que, até a dispersão do universo,
a hora de estranho azul confirmaria!
Não sei se conseguiste e nem sequer,
irmão mais velho impreciso, se exististe,
pois estou só e quero que o olvido
devolva aos dias tua leve sombra
para esta já cansada ostentação
de umas palavras em que a tarde esteja.

texas

Aquí también. Aquí, como en el otro
confín del continente, el infinito
campo en que muere solitario el grito;
aquí también el indio, el lazo, el potro.
Aquí también el pájaro secreto
que sobre los fragores de la historia
canta para una tarde y su memoria;
aquí también el místico alfabeto
de los astros, que hoy dictan a mi cálamo
nombres que el incesante laberinto
de los días no arrastra: San Jacinto
y esas otras Termópilas, el Álamo.
Aquí también esa desconocida
y ansiosa y breve cosa que es la vida.

texas

Aqui também. Aqui, como no outro
confim do continente, o infinito
campo em que morre solitário o grito;
aqui também o índio, o laço, o potro.
Aqui também o pássaro secreto
que acima dos fragores da história
canta para uma tarde e sua memória;
aqui também o místico alfabeto
dos astros, que hoje ditam a meu cálamo
nomes que o incessante labirinto
dos dias não arrasta: são Jacinto
e essas outras Termópilas, o Álamo.
Aqui também essa desconhecida
e ansiosa e breve coisa que é a vida.

composición escrita en un ejemplar de la gesta de beowulf

A veces me pregunto qué razones
me mueven a estudiar sin esperanza
de precisión, mientras mi noche avanza,
la lengua de los ásperos sajones.
Gastada por los años la memoria
deja caer la en vano repetida
palabra y es así como mi vida
teje y desteje su cansada historia.
Será (me digo entonces) que de un modo
secreto y suficiente el alma sabe
que es inmortal y que su vasto y grave
círculo abarca todo y puede todo.
Más allá de este afán y de este verso
me aguarda inagotable el universo.

composição escrita num exemplar da gesta de beowulf

Às vezes me pergunto que razões
me levam a estudar sem esperança
de precisão, enquanto a noite avança,
o idioma dos ásperos saxões.
Já gasta pelos anos, a memória
desprende a inutilmente repetida
palavra e é assim que minha vida
tece e destece sua cansada história.
Só se (me digo então) de alguma forma
secreta e suficiente a alma sabe
que é imortal e que seu vasto e grave
círculo abarca tudo e pode tudo.
Mais além deste afã e deste verso
me aguarda inesgotável o universo.

hengist cyning

EPITAFIO DEL REY

Bajo la piedra yace el cuerpo de Hengist
que fundó en estas islas el primer reino
de la estirpe de Odín
y sació el hambre de las águilas.

HABLA EL REY

No sé qué runas habrá marcado el hierro en la piedra
pero mis palabras son éstas:
Bajo los cielos yo fui Hengist el mercenario.
Vendí mi fuerza y mi coraje a los reyes
de las regiones del ocaso que lindan
con el mar que se llama
El Guerrero Armado de Lanza,
pero la fuerza y el coraje no sufren
que las vendan los hombres
y así, después de haber acuchillado en el Norte
a los enemigos del rey britano,

hengist cyning

EPITÁFIO DO REI

Sob a pedra jaz o corpo de Hengist
que fundou nestas ilhas o reino primeiro
da estirpe de Odin
e que a fome das águias saciou.

FALA DO REI

Não sei que runas terá gravado o ferro na pedra
mas minhas palavras são estas:
Sob esses céus eu fui Hengist, o mercenário.
Vendi minha força e minha coragem aos reis
das regiões do ocaso vizinhas
ao mar que se chama
O Guerreiro Armado de Lança,
mas a força e a coragem não toleram
que os homens as vendam
e assim, depois de ter esfaqueado ao Norte
os inimigos do rei britano,

le quité la luz y la vida.
Me place el reino que gané con la espada;
hay ríos para el remo y para la red
y largos veranos
y tierra para el arado y para la hacienda
y britanos para trabajarla
y ciudades de piedra que entregaremos
a la desolación,
porque las habitan los muertos.
Yo sé que a mis espaldas
me tildan de traidor los britanos,
pero yo he sido fiel a mi valentía
y no he confiado mi destino a los otros
y ningún hombre se animó a traicionarme.

tirei-lhe a luz e a vida.
Me agrada o reino que ganhei com a espada;
há rios para o remo e para a rede
e longos verões
e terra para o arado e para a estância
e britanos para trabalhá-la
e cidades de pedra que entregaremos
à desolação,
porque nelas vivem os mortos.
Eu sei que às minhas costas
os britanos me tacham de traidor,
mas fui fiel a minha valentia
e não confiei o meu destino aos outros
e nenhum homem ousou me atraiçoar.

fragmento

Una espada,
una espada de hierro forjada en el frío del alba,
una espada con runas
que nadie podrá desoír ni descifrar del todo,
una espada del Báltico que será cantada en Nortumbria.
Una espada que los poetas
igualarán al hielo y al fuego,
una espada que un rey dará a otro rey
y este rey a un sueño,
una espada que será leal
hasta una hora que ya sabe el Destino,
una espada que iluminará la batalla.

Una espada para la mano
que regirá la hermosa batalla, el tejido de hombres,
una espada para la mano
que enrojecerá los dientes del lobo
y el despiadado pico del cuervo,
una espada para la mano
que prodigará el oro rojo,
una espada para la mano

fragmento

Uma espada,
uma espada de ferro forjada no frio do alvorecer,
uma espada com runas
que ninguém poderá ignorar nem decifrar de todo,
uma espada do Báltico que será cantada na Nortúmbria.
Uma espada que os poetas
dirão ser como o gelo e o fogo,
uma espada que um rei dará a outro rei
e esse rei a um sonho,
uma espada que será leal
até um momento que o Destino sabe,
uma espada que iluminará a batalha.

Uma espada para a mão
que conduzirá a bela batalha, o tecido de homens,
uma espada para a mão
que avermelhará os dentes do lobo
e o impiedoso bico do corvo,
uma espada para a mão
que distribuirá o ouro rubro,
uma espada para a mão

que dará muerte a la serpiente en su lecho de oro,
una espada para la mano
que ganará un reino y perderá un reino,
una espada para la mano
que derribará la selva de lanzas.
Una espada para la mano de Beowulf.

que dará morte à serpente em seu leito de ouro,
uma espada para a mão
que ganhará um reino e perderá um reino,
uma espada para a mão
que ceifará a selva de lanças.

Uma espada para a mão de Beowulf.

a una espada en york minster

En su hierro perdura el hombre fuerte,
hoy polvo de planeta, que en las guerras
de ásperos mares y arrasadas tierras
lo esgrimió, vano al fin, contra la muerte.

Vana también la muerte. Aquí está el hombre
blanco y feral que de Noruega vino,
urgido por el épico destino;
su espada es hoy su símbolo y su nombre.

Pese a la larga muerte y su destierro,
la mano atroz sigue oprimiendo el hierro
y soy sombra en la sombra ante el guerrero

cuya sombra está aquí. Soy un instante
y el instante ceniza, no diamante,
y sólo lo pasado es verdadero.

a uma espada em york minster

Em seu ferro perdura o homem forte,
hoje pó de planeta, que nas guerras
de ásperos mares e arrasadas terras
o esgrimiu, vão no fim, detendo a morte.

Vã ainda a morte. Aqui está o homem
branco e feral que veio da Noruega,
instado pelo épico destino;
dele a espada é hoje imagem, nome.

Mesmo com a longa morte e seu desterro,
a mão atroz ainda oprime o ferro
e sou sombra na sombra ante o guerreiro

cuja sombra está aqui. Sou um instante,
um instante que é cinza, e não diamante,
e só o acontecido é verdadeiro.

a un poeta sajón

Tú cuya carne, hoy dispersión y polvo,
pesó como la nuestra sobre la tierra,
tú cuyos ojos vieron el sol, esa famosa estrella,
tú que viviste no en el rígido ayer
sino en el incesante presente,
en el último punto y ápice vertiginoso del tiempo,
tú que en tu monasterio fuiste llamado
por la antigua voz de la épica,
tú que tejiste las palabras,
tú que cantaste la victoria de Brunanburh
y no la atribuiste al Señor
sino a la espada de tu rey,
tú que con júbilo feroz cantaste,
la humillación del viking,
el festín del cuervo y del águila,
tú que en la oda militar congregaste
las rituales metáforas de la estirpe,
tú que en un tiempo sin historia
viste en el ahora el ayer
y en el sudor y sangre de Brunanburh
un cristal de antiguas auroras,

a um poeta saxão

Tu cuja carne, hoje dispersa, pó,
foi peso sobre a terra, como a nossa,
tu cujos olhos viram o sol, essa famosa estrela,
tu que viveste não no rígido ontem
mas no incessante presente,
no último ponto e ápice vertiginoso do tempo,
tu que em teu monastério foste chamado
pela antiga voz da épica,
tu que tramaste as palavras,
tu que cantaste a vitória de Brunanburh
e não a atribuíste ao Senhor
mas à espada de teu rei,
tu que com júbilo feroz cantaste,
a humilhação do viking,
o festim do corvo e da águia,
tu que na militar ode congregaste
as rituais metáforas da estirpe,
tu que num tempo sem história
viste no agora o ontem
e no suor e no sangue de Brunanburh
um cristal de antigas auroras,

tú que tanto querías a tu Inglaterra
y no la nombraste,
hoy no eres otra cosa que unas palabras
que los germanistas anotan.
Hoy no eres otra cosa que mi voz
cuando revive tus palabras de hierro.

Pido a mis dioses o a la suma del tiempo
que mis días merezcan el olvido,
que mi nombre sea Nadie como el de Ulises,
pero que algún verso perdure
en la noche propicia a la memoria
o en las mañanas de los hombres.

tu que tanto amavas tua Inglaterra
sem nomeá-la,
hoje não és mais que umas palavras
que os germanistas anotam.
Hoje não és mais que minha voz
quando revive tuas palavras de ferro.

Peço a meus deuses ou à soma do tempo
que meus dias mereçam o olvido,
que meu nome seja Ninguém como o de Ulisses,
mas que algum verso perdure
na noite propícia à memória
ou nas manhãs dos homens.

snorri sturluson
(1179-1241)

Tú que legaste una mitología
de hielo y fuego a la filial memoria,
tú, que fijaste la violenta gloria
de tu estirpe de acero y de osadía,

sentiste con asombro en una tarde
de espadas que tu triste carne humana
temblaba. En esa tarde sin mañana
te fue dado saber que eras cobarde.

En la noche de Islandia, la salobre
borrasca mueve el mar. Está cercada
tu casa. Has bebido hasta las heces

el deshonor inolvidable. Sobre
tu pálida cabeza cae la espada
como en tu libro cayó tantas veces.

snorri sturluson
(1179-1241)

Tu, que legaste uma mitologia
de gelo e fogo à filial memória,
tu, que fixaste a violenta glória
de tua estirpe metálica e bravia,

sentiste com assombro em certa tarde
de espadas que tua triste carne humana
tremia. E nessa tarde sem manhã
te foi dado saber que eras covarde.

Naquela noite da Islândia, a salobre
borrasca move o mar. Está cercada
a tua casa. Bebeste até as fezes

tua desonra inesquecível. Sobre
tua pálida cabeça cai a espada
como em teu livro caiu tantas vezes.

a carlos XII

Viking de las estepas, Carlos Doce
de Suecia, que cumpliste aquel camino
del Septentrión al Sur de tu divino
antecesor Odín, fueron tu goce
los trabajos que mueven la memoria
de los hombres al canto, la batalla
mortal, el duro horror de la metralla,
la firme espada y la sangrienta gloria.
Supiste que vencer o ser vencido
son caras de un Azar indiferente,
que no hay otra virtud que ser valiente
y que el mármol, al fin, será el olvido.
Ardes glacial, más solo que el desierto;
nadie llegó a tu alma y ya estás muerto.

para carlos XII

Viking das estepes, Carlos Doze
da Suécia, que cumpriste tua sina
do Setentrião ao Sul de teu divino
antecessor Odin, foram teu gozo
os trabalhos que movem a memória
dos homens para o canto e a batalha
mortal, o pavor duro da metralha,
a firme espada e a sangrenta glória.
Soubeste que vencer ou ser vencido
são rostos de um Acaso indiferente,
que a única virtude é ser valente
e que o mármore, no fim, será o olvido.
Ardes glacial, mais só do que o deserto;
ninguém chegou-te à alma e já estás morto.

emanuel swedenborg

Más alto que los otros, caminaba
aquel hombre lejano entre los hombres;
apenas si llamaba por sus nombres
secretos a los ángeles. Miraba
lo que no ven los ojos terrenales:
la ardiente geometría, el cristalino
edificio de Dios y el remolino
sórdido de los goces infernales.
Sabía que la Gloria y el Averno
en tu alma están y sus mitologías;
sabía, como el griego, que los días
del tiempo son espejos del Eterno.
En árido latín fue registrando
últimas cosas sin por qué ni cuándo.

emanuel swedenborg

Mais alto do que os outros, caminhava
aquele homem remoto em meio aos homens;
em silêncio chamava por seus nomes
incógnitos, os anjos. Observava
o que não veem os olhos terrenais:
a ardente geometria, o cristalino
edifício de Deus e o redemoinho
sórdido dos gozos infernais.
Ele sabia que a Glória e o Averno
na alma estão, e suas mitologias;
sabia, como o grego, que os dias
do tempo são espelhos do Eterno.
Em árido latim foi registrando
últimas coisas sem porquê nem quando.

jonathan edwards
(1703-1785)

Lejos de la ciudad, lejos del foro
clamoroso y del tiempo, que es mudanza,
Edwards, eterno ya, sueña y avanza
a la sombra de árboles de oro.
Hoy es mañana y es ayer. No hay una
cosa de Dios en el sereno ambiente
que no lo exalte misteriosamente,
el oro de la tarde o de la luna.
Piensa feliz que el mundo es un eterno
instrumento de ira y que el ansiado
cielo para unos pocos fue creado
y casi para todos el infierno.
En el centro puntual de la maraña
hay otro prisionero, Dios, la Araña.

jonathan edwards
(1703-1785)

Longe da cidade, longe do foro
clamoroso e do tempo, que é mudança,
Edwards, eterno já, sonha e avança
sob a sombra de árvores de ouro.
Hoje é amanhã e é ontem. Não há uma
coisa de Deus nesse sereno ambiente
que não o exalte misteriosamente,
o ouro da tarde ou o ouro da lua.
Pensa feliz que o mundo é um eterno
instrumento de ira e que o ansiado
céu para apenas poucos foi criado
e para quase todos o inferno.
No centro pontual dessa maranha
há um outro prisioneiro: Deus, a Aranha.

emerson

Ese alto caballero americano
cierra el volumen de Montaigne y sale
en busca de otro goce que no vale
menos, la tarde que ya exalta el llano.
Hacia el hondo poniente y su declive,
hacia el confín que ese poniente dora,
camina por los campos como ahora
por la memoria de quien esto escribe.
Piensa: Leí los libros esenciales
y otros compuse que el oscuro olvido
no ha de borrar. Un dios me ha concedido
lo que es dado saber a los mortales.
Por todo el continente anda mi nombre;
no he vivido. Quisiera ser otro hombre.

emerson

Esse alto cavaleiro americano
fecha o volume de Montaigne e sai
em busca de outro gozo que não vale
menos: a tarde que já exalta o lhano.
Rumo ao fundo poente e seu declive,
rumo ao confim que esse poente doura,
caminha pelos campos como agora
pela memória de quem isto escreve.
Ele pensa: Li os livros essenciais
e escrevi outros que o escuro olvido
não vai eliminar. Um deus me deu
o que é dado saber a nós, mortais.
Por todo o continente anda meu nome;
eu não vivi. Quisera ser outro homem.

edgar allan poe

Pompas del mármol, negra anatomía
que ultrajan los gusanos sepulcrales,
del triunfo de la muerte los glaciales
símbolos congregó. No los temía.

Temía la otra sombra, la amorosa,
las comunes venturas de la gente;
no lo cegó el metal resplandeciente
ni el mármol sepulcral sino la rosa.

Como del otro lado del espejo
se entregó solitario a su complejo
destino de inventor de pesadillas.

Quizá, del otro lado de la muerte,
siga erigiendo solitario y fuerte
espléndidas y atroces maravillas.

edgar allan poe

Pompas do mármore, negra anatomia
que ultrajam os lagartos sepulcrais,
da vitória da morte os glaciais
símbolos congregou. Não os temia.

Temia a outra sombra, a amorosa,
as comuns alegrias dos viventes;
não o cegou o metal resplendente
nem o mármore da morte, e sim a rosa.

Como do outro lado do espelho
entregou-se solitário a seu complexo
destino de inventor de pesadelos.

Quem sabe lá onde está, além da morte,
prossiga erguendo solitário e forte
esplêndidas e atrozes maravilhas.

camden, 1892

El olor del café y de los periódicos.
El domingo y su tedio. La mañana
y en la entrevista página esa vana
publicación de versos alegóricos
de un colega feliz. El hombre viejo
está postrado y blanco en su decente
habitación de pobre. Ociosamente
mira su cara en el cansado espejo.
Piensa, ya sin asombro, que esa cara
es él. La distraída mano toca
la turbia barba y la saqueada boca.
No está lejos el fin. Su voz declara:
Casi no soy, pero mis versos ritman
la vida y su esplendor. Yo fui Walt Whitman.

camden, 1892

O cheiro do café e dos periódicos.
O domingo e seu tédio. É de manhã
e na entrevista página essa vã
publicação de versos alegóricos
de um colega feliz. O homem velho
está prostrado e branco em seu decente
dormitório de pobre. Ociosamente
olha seu rosto no cansado espelho.
Pensa, já sem assombro, que essa cara
é ele. A distraída mão lhe toca
a turva barba e a saqueada boca.
O fim não está longe. A voz declara:
Quase não sou, mas meus poemas ritmam
a vida e sua glória. Eu fui Walt Whitman.

parís, 1856

La larga postración lo ha acostumbrado
a anticipar la muerte. Le daría
miedo salir al clamoroso día
y andar entre los hombres. Derribado,
Enrique Heine piensa en aquel río,
el tiempo, que lo aleja lentamente
de esa larga penumbra y del doliente
destino de ser hombre y ser judío.
Piensa en las delicadas melodías
cuyo instrumento fue, pero bien sabe
que el trino no es del árbol ni del ave
sino del tiempo y de sus vagos días.
No han de salvarte, no, tus ruiseñores,
tus noches de oro y tus cantadas flores.

paris, 1856

A longa prostração o habituou
a antecipar a morte. Dar-lhe-ia
temor mostrar-se ao clamoroso dia
e andar em meio aos homens. Sem vigor,
Henrique Heine pensa nesse rio,
o tempo, que o afasta lentamente
de sua longa penumbra e do dolente
destino de ser homem e judeu.
Pensa nas delicadas melodias
cujo instrumento foi, mas sabe bem:
não da árvore ou da ave o trilo vem,
e sim do tempo e de seus vagos dias.
Não serás salvo por tuas noites de ouro,
teus rouxinóis e tuas cantadas flores.

rafael cansinos-asséns

La imagen de aquel pueblo lapidado
y execrado, inmortal en su agonía,
en las negras vigilias lo atraía
con una suerte de terror sagrado.
Bebió como quien bebe un hondo vino
los Psalmos y el Cantar de la Escritura
y sintió que era suya esa dulzura
y sintió que era suyo aquel destino.
Lo llamaba Israel. Íntimamente
la oyó Cansinos como oyó el profeta
en la secreta cumbre la secreta
voz del Señor desde la zarza ardiente.
Acompáñeme siempre su memoria;
las otras cosas las dirá la gloria.

rafael cansinos-asséns

A imagem desse povo lapidado
e execrado, imortal em sua agonia,
em suas negras vigílias o atraía
com uma espécie de terror sagrado.
Bebeu como quem bebe um fundo vinho
os Salmos e os Cantares da Escritura
e sentiu que era sua essa doçura
e sentiu que era seu esse destino.
Israel o chamava. Intimamente
ouviu Cansinos tal como o profeta
no ápice secreto da secreta
voz do Senhor vinda da sarça ardente.
Acompanhe-me sempre sua memória;
as outras coisas quem dirá é a glória.

los enigmas

Yo que soy el que ahora está cantando
seré mañana el misterioso, el muerto,
el morador de un mágico y desierto
orbe sin antes ni después ni cuándo.
Así afirma la mística. Me creo
indigno del Infierno o de la Gloria,
pero nada predigo. Nuestra historia
cambia como las formas de Proteo.
¿Qué errante laberinto, qué blancura
ciega de resplandor será mi suerte,
cuando me entregue el fin de esta aventura
la curiosa experiencia de la muerte?
Quiero beber su cristalino Olvido,
ser para siempre; pero no haber sido.

os enigmas

Eu que sou o que agora está cantando
serei em breve o misterioso, o morto,
o morador de um mágico e deserto
orbe sem antes nem depois nem quando.
Assim afirma a mística. Não julgo
que mereça o Inferno nem a Glória,
porém nada prevejo. Nossa história
se altera como as formas de Proteu.
Que errante labirinto, que brancura
cega pelo fulgor será minha sorte,
quando me entregue o fim desta aventura
essa curiosa experiência, a morte?
Quero beber seu cristalino Olvido,
ser para sempre; mas nunca ter sido.

el instante

¿Dónde estarán los siglos, dónde el sueño
de espadas que los tártaros soñaron,
dónde los fuertes muros que allanaron,
dónde el Árbol de Adán y el otro Leño?
El presente está solo. La memoria
erige el tiempo. Sucesión y engaño
es la rutina del reloj. El año
no es menos vano que la vana historia.
Entre el alba y la noche hay un abismo
de agonías, de luces, de cuidados;
el rostro que se mira en los gastados
espejos de la noche no es el mismo.
El hoy fugaz es tenue y es eterno;
otro Cielo no esperes, ni otro Infierno.

o instante

Onde estarão os séculos, o sonho
de espadas pelos tártaros sonhado,
onde as fortes muralhas derrubadas,
onde a Árvore de Adão e o outro Lenho?
O presente está só. É a memória
que erige o tempo. Sequência e engano,
essa é a rotina do relógio. O ano
é tão vazio quanto a vazia história.
Entre a aurora e a noite há um abismo
de agonias, de luzes, de cuidados;
o rosto que se observa nos usados
espelhos da noite já não é o mesmo.
O hoje fugaz é tênue e é eterno;
não haverá outro Céu nem outro Inferno.

al vino

En el bronce de Homero resplandece tu nombre,
negro vino que alegras el corazón del hombre.

Siglos de siglos hace que vas de mano en mano
desde el ritón del griego al cuerno del germano.

En la aurora ya estabas. A las generaciones
les diste en el camino tu fuego y tus leones.

Junto a aquel otro río de noches y de días
corre el tuyo que aclaman amigos y alegrías,

vino que como un Éufrates patriarcal y profundo
vas fluyendo a lo largo de la historia del mundo.

En tu cristal que vive nuestros ojos han visto
una roja metáfora de la sangre de Cristo.

En las arrebatadas estrofas del sufí
eres la cimitarra, la rosa y el rubí.

ao vinho

Já no bronze de Homero resplandece teu nome,
negro vinho que alegras o coração do homem.

Há séculos e séculos vais de mão em mão
desde o rício do grego ao corno do germano.

Na aurora já existias. Legaste às gerações
ao longo do caminho teu fogo e teus leões.

Junto àquele outro rio de noites e de dias
corre aclamado o teu, por amigos e alegrias,

vinho que como um Eufrates patriarcal e fundo
vais escorrendo ao longo da história do mundo.

Em teu vivo cristal por nossos olhos foi vista
uma rubra metáfora do sangue de Cristo.

E nas arrebatadas estrofes do sufi
tu és a cimitarra, a rosa e o rubi.

Que otros en tu Leteo beban un triste olvido;
yo busco en ti las fiestas del fervor compartido.

Sésamo con el cual antiguas noches abro
y en la dura tiniebla, dádiva y candelabro.

Vino del mutuo amor o la roja pelea,
alguna vez te llamaré. Que así sea.

Que outros em teu Leto bebam um triste olvido;
eu em ti busco as festas do fervor repartido.

Sésamo com o qual antigas noites abro
e na dura escuridão, dádiva e candelabro.

Vinho do mútuo amor ou da rubra peleja,
um dia te invocarei. Que assim seja.

soneto del vino

¿En que reino, en qué siglo, bajo qué silenciosa
conjunción de los astros, en qué secreto día
que el mármol no ha salvado, surgió la valerosa
y singular idea de inventar la alegría?
Con otoños de oro la inventaron. El vino
fluye rojo a lo largo de las generaciones
como el río del tiempo y en el arduo camino
nos prodiga su música, su fuego y sus leones.
En la noche del júbilo o en la jornada adversa
exalta la alegría o mitiga el espanto
y el ditirambo nuevo que este día le canto
otrora lo cantaron el árabe y el persa.
Vino, enséñame el arte de ver mi propia historia
como si ésta ya fuera ceniza en la memoria.

soneto do vinho

Em que reino, em que era, sob qual silenciosa
conjunção das estrelas, em que secreto dia
jamais inscrito em mármore, surgiu a portentosa
e singular ideia de inventar a alegria?
Com outonos de ouro a inventaram. O vinho
flui escarlate no decorrer das gerações
como o rio do tempo e em seu árduo caminho
dá-nos a sua música, seu fogo e seus leões.
Na noite jubilosa ou na jornada adversa
exalta a alegria ou mitiga o espanto
e o ditirambo novo que neste dia lhe canto
outrora foi cantado pelo árabe e o persa.
Vinho, mostre-me a arte de ver minha própria história
como se ela já fosse cinza na memória.

1964

I

Ya no es mágico el mundo. Te han dejado.
Ya no compartirás la clara luna
ni los lentos jardines. Ya no hay una
luna que no sea espejo del pasado,
cristal de soledad, sol de agonías.
Adiós las mutuas manos y las sienes
que acercaba el amor. Hoy sólo tienes
la fiel memoria y los desiertos días.
Nadie pierde (repites vanamente)
sino lo que no tiene y no ha tenido
nunca, pero no basta ser valiente
para aprender el arte del olvido.
Un símbolo, una rosa, te desgarra
y te puede matar una guitarra.

II

Ya no seré feliz. Tal vez no importa.
Hay tantas otras cosas en el mundo;
un instante cualquiera es más profundo

1964

I

Já não é mágico o mundo. Abandonado,
já não partilharás a clara lua
nem os lentos jardins. Todas as luas
são apenas espelhos do passado,
cristais de solidão, sóis de agonias.
Acabaram-se as mútuas mãos e as faces
que o amor aproximava. Hoje só trazes
a fiel memória e os desertos dias.
Perde-se só (dizes inutilmente)
o que não temos e não vamos ter,
porém não é bastante ser valente
para aprender a arte de esquecer.
Um símbolo, uma rosa, te desgarra
e é capaz de matar-te uma guitarra.

II

Já não serei feliz. Não sei se importa.
Há tantas outras coisas neste mundo;
um instante qualquer é mais profundo

y diverso que el mar. La vida es corta
y aunque las horas son tan largas, una
oscura maravilla nos acecha,
la muerte, ese otro mar, esa otra flecha
que nos libra del sol y de la luna
y del amor. La dicha que me diste
y me quitaste debe ser borrada;
lo que era todo tiene que ser nada.
Sólo me queda el goce de estar triste,
esa vana costumbre que me inclina
al Sur, a cierta puerta, a cierta esquina.

e variado que o mar. A vida é curta
e, embora as horas sejam longas, uma
escura maravilha nos espreita,
a morte, esse outro mar, essa outra seta
que nos liberta do sol e da lua
e do amor. A ventura que me deste
e me tiraste será cancelada;
o que era tudo precisa ser nada.
Resta-me apenas o gozo de estar triste,
esse costume inútil que me inclina
para o Sul, e certa porta, e certa esquina.

el hambre

Madre antigua y atroz de la incestuosa guerra,
borrado sea tu nombre de la faz de la tierra.

Tú que arrojaste al círculo del horizonte abierto
la alta proa del viking, las lanzas del desierto.

En la Torre del Hambre de Ugolino de Pisa
tienes tu monumento y en la estrofa concisa

que nos deja entrever (sólo entrever) los días
últimos y en la sombra que cae las agonías.

Tú que de sus pinares haces que surja el lobo
y que guiaste la mano de Jean Valjean al robo.

Una de tus imágenes es aquel silencioso
dios que devora el orbe sin ira y sin reposo,

el tiempo. Hay otra diosa de tiniebla y de osambre;
su lecho es la vigilia y su pan es el hambre.

a fome

Mãe antiga e atroz da incestuosa guerra,
que se apague teu nome da face da Terra.

Tu que lançaste ao círculo do horizonte aberto
a alta proa do viking, as lanças do deserto.

Tens na Torre da Fome de Ugolino de Pisa
teu monumento e igualmente na estrofe concisa

que nos deixa entrever (entrever somente) os dias
últimos, e na sombra que cai as agonias.

Tu que de seus pinheirais fazes surgir o lobo
e que guiaste a mão de Jean Valjean ao roubo.

Uma de tuas imagens é aquele silencioso
deus que devora o mundo sem ira nem repouso,

o tempo. Há outra deusa de escuridão e ossama;
seu leito é a vigília e seu pão é a fome.

Tú que a Chatterton diste la muerte en la bohardilla
entre los falsos códices y la luna amarilla.

Tú que entre el nacimiento del hombre y su agonía
pides en la oración el pan de cada día.

Tú cuya lenta espada roe generaciones
y sobre los testuces lanzas a los leones.

Madre antigua y atroz de la incestuosa guerra,
borrado sea tu nombre de la faz de la tierra.

Tu que a Chatterton colheste em sua cela
em meio aos falsos códices e a lua amarela.

Tu que entre o nascimento do homem e sua agonia
pedes nas tuas orações o pão de cada dia.

Tu cuja lenta espada corrói as gerações
e que sobre os cachaços lanças os leões.

Mãe antiga e atroz da incestuosa guerra,
que se apague teu nome da face da Terra.

el forastero

Despachadas las cartas y el telegrama,
camina por las calles indefinidas
y advierte leves diferencias que no le importan
y piensa en Aberdeen o en Leyden,
más vívidas para él que este laberinto
de líneas rectas, no de complejidad,
donde lo lleva el tiempo de un hombre
cuya verdadera vida está lejos.
En una habitación numerada
se afeitará después ante un espejo
que no volverá a reflejarlo
y le parecerá que ese rostro
es más inescrutable y más firme
que el alma que lo habita
y que a lo largo de los años lo labra.
Se cruzará contigo en una calle
y acaso notarás que es alto y gris
y que mira las cosas.
Una mujer indiferente
le ofrecerá la tarde y lo que pasa
del otro lado de unas puertas. El hombre

o forasteiro

Despachadas as cartas e o telegrama,
caminha pelas ruas indefinidas
e vê pequenas diferenças que não têm importância
e pensa em Aberdeen ou em Layden,
mais vívidas para ele do que este labirinto
de linhas retas, não de complexidade,
para onde o leva o tempo de um homem
cuja verdadeira vida está longe.
Num quarto numerado
fará a barba depois diante do espelho
que não tornará a refleti-lo
e terá a sensação de que esse rosto
é mais inescrutável e mais firme
do que a alma que o habita
e que ao longo dos anos o labora.
Passará por ti em alguma rua
e talvez notes que ele é alto e cinza
e que olha as coisas.
Mulher indiferente
lhe brindará a tarde e o que ocorre
do outro lado de certas portas. O homem

piensa que olvidará su cara y recordará,
años después, cerca del Mar del Norte,
la persiana o la lámpara.
Esa noche, sus ojos contemplarán
en un rectángulo de formas que fueron,
al jinete y su épica llanura,
porque el Far West abarca el planeta
y se espeja en los sueños de los hombres
que nunca lo han pisado.
En la numerosa penumbra, el desconocido
se creerá en su ciudad
y lo sorprenderá salir a otra,
de otro lenguaje y de otro cielo.

Antes de la agonía,
el infierno y la gloria nos están dados;
andan ahora por esta ciudad, Buenos Aires,
que para el forastero de mi sueño
(el forastero que yo he sido bajo otros astros)
es una serie de imprecisas imágenes
hechas para el olvido.

pensa que esquecerá seu rosto e evocará,
anos depois, perto do mar do Norte,
a persiana ou a lâmpada.
Esta noite, seus olhos contemplarão
num retângulo de formas que foram,
o ginete e sua épica planura,
porque o faroeste abarca o planeta
e se espelha nos sonhos dos homens
que nunca lá estiveram.
Na populosa penumbra, o desconhecido
pensa que está em sua cidade
e se surpreenderá ao ver-se em outra,
de outra linguagem e outro céu.

Antes da agonia,
o inferno e a glória são-nos dados;
andam agora por esta cidade, Buenos Aires,
que para o forasteiro de meu sonho
(o forasteiro que fui sob outros astros)
é uma série de imprecisas imagens
feitas para o olvido.

a quien está leyéndome

Eres invulnerable. ¿No te han dado
los números que rigen tu destino
certidumbre de polvo? ¿No es acaso
tu irreversible tiempo el de aquel río
en cuyo espejo Heráclito vio el símbolo
de su fugacidad? Te espera el mármol
que no leerás. En él ya están escritos
la fecha, la ciudad y el epitafio.
Sueños del tiempo son también los otros,
no firme bronce ni acendrado oro;
el universo es, como tú, Proteo.
Sombra, irás a la sombra que te aguarda
fatal en el confín de tu jornada;
piensa que de algún modo ya estás muerto.

a quem me lê

Tu és invulnerável. Não te deram
os números que regem teu destino
a certeza do pó? Não é acaso
teu tempo irreversível o do rio
em cujo espelho viu a marca Heráclito
de sua fugacidade? Te espera o mármore
que não lerás. Nele já estão escritos
a data, a cidade e o epitáfio.
Sonhos do tempo são também os outros,
não firme bronze ou ouro acrisolado;
o universo é, como tu, Proteu.
Sombra, irás para a sombra que te aguarda,
fatal, chegado o fim de tua jornada;
pensa que de algum modo já estás morto.

el alquimista

Lento en el alba un joven que han gastado
la larga reflexión y las avaras
vigilias considera ensimismado
los insomnes braseros y alquitaras.

Sabe que el oro, ese Proteo, acecha
bajo cualquier azar, como el destino;
sabe que está en el polvo del camino,
en el arco, en el brazo y en la flecha.

En su oscura visión de un ser secreto
que se oculta en el astro y en el lodo,
late aquel otro sueño de que todo
es agua, que vio Tales de Mileto.

Otra visión habrá; la de un eterno
Dios cuya ubicua faz es cada cosa,
que explicará el geométrico Spinoza
en un libro más arduo que el Averno...

o alquimista

Lento na aurora um jovem desgastado
por longas reflexões e por avaras
vigílias considera ensimesmado
os insones braseiros e alquitaras.

Sabe que o ouro espreita, esse Proteu,
em qualquer situação, como o destino;
sabe que está na poeira do caminho,
no arco, na flecha e no braço que atira.

Em sua obscura visão de um ser secreto
oculto, tanto faz, no astro ou no lodo,
pulsa aquele outro sonho de que tudo
é água, que viu Tales de Mileto.

Outra visão terá; a de um eterno
Deus cuja ubíqua face é cada coisa,
que explicará o geométrico Espinosa
em um livro mais árduo que o Averno...

En los vastos confines orientales
del azul palidecen los planetas,
el alquimista piensa en las secretas
leyes que unen planetas y metales.

Y mientras cree tocar enardecido
el oro aquel que matará la Muerte,
Dios, que sabe de alquimia, lo convierte
en polvo, en nadie, en nada y en olvido.

Lá nos vastos confins orientais
do azul empalidecem os planetas;
medita o alquimista nas secretas
leis que unem planetas e metais.

E quando acha que toca irrefletido
o tal ouro que matará a Morte,
Deus, que entende de alquimia, torna-o
pó, coisa nenhuma, um nada, olvido.

alguien

Un hombre trabajado por el tiempo,
un hombre que ni siquiera espera la muerte
(las pruebas de la muerte son estadísticas
y nadie hay que no corra el albur
de ser el primer inmortal),
un hombre que ha aprendido a agradecer
las modestas limosnas de los días:
el sueño, la rutina, el sabor del agua,
una no sospechada etimología,
un verso latino o sajón,
la memoria de una mujer que lo ha abandonado
hace ya tantos años
que hoy puede recordarla sin amargura,
un hombre que no ignora que el presente
ya es el porvenir y el olvido,
un hombre que ha sido desleal
y con el que fueron desleales,
puede sentir de pronto, al cruzar la calle,
una misteriosa felicidad
que no viene del lado de la esperanza

alguém

Um homem trabalhado pelo tempo,
um homem que nem sequer espera a morte
(as provas da morte são estatísticas
e não há ninguém que não corra o risco
de ser o primeiro imortal),
um homem que aprendeu a agradecer
as modestas esmolas dos dias:
o sonho, a rotina, o sabor da água,
uma insuspeitada etimologia,
um verso latino ou saxão,
a memória de uma mulher que o abandonou
há tantos anos, já,
que hoje pode recordá-la sem amargura,
um homem que não ignora que o presente
já é o futuro e o olvido,
um homem que foi desleal
e com quem foram desleais,
pode sentir de golpe, atravessando a rua,
uma misteriosa felicidade
que não vem do lado da esperança

sino de una antigua inocencia,
de su propia raíz o de un dios disperso.

Sabe que no debe mirarla de cerca,
porque hay razones más terribles que tigres
que le demostrarán su obligación
de ser un desdichado,
pero humildemente recibe
esa felicidad, esa ráfaga.

Quizá en la muerte para siempre seremos,
cuando el polvo sea polvo,
esa indescifrable raíz,
de la cual para siempre crecerá,
ecuánime o atroz,
nuestro solitario cielo o infierno.

mas de uma antiga inocência,
de sua própria raiz ou de um deus disperso.

Sabe que não deve olhá-la de perto,
porque há razões mais terríveis do que tigres
para demonstrar-lhe sua obrigação
de ser um infeliz,
mas humildemente recebe
essa felicidade, essa rajada.

Talvez na morte para sempre sejamos,
quando o pó for pó,
essa indecifrável raiz,
da qual para sempre crescerá,
equânime ou atroz,
nosso solitário céu ou inferno.

everness

Sólo una cosa no hay. Es el olvido.
Dios, que salva el metal, salva la escoria
y cifra en Su profética memoria
las lunas que serán y las que han sido.

Ya todo está. Los miles de reflejos
que entre los dos crepúsculos del día
tu rostro fue dejando en los espejos
y los que irá dejando todavía.

Y todo es una parte del diverso
cristal de esa memoria, el universo;
no tienen fin sus arduos corredores

y las puertas se cierran a tu paso;
sólo del otro lado del ocaso
verás los Arquetipos y Esplendores.

everness

Só uma coisa não há. O esquecimento.
Deus, que salva o metal, salva a escória
e anota em sua profética memória
as luas que serão e as que já foram.

Tudo já está. Os milhares de reflexos
que em meio aos dois crepúsculos do dia
teu rosto foi deixando nos espelhos
e todos os que ainda deixará.

E tudo é uma parte do diverso
cristal desta memória, o universo;
nunca têm fim seus árduos corredores

e as portas vão fechando quando passas;
somente do outro lado do poente
verás os Paradigmas e Esplendores.

ewigkeit

Torne en mi boca el verso castellano
a decir lo que siempre está diciendo
desde el latín de Séneca: el horrendo
dictamen de que todo es del gusano.
Torne a cantar la pálida ceniza,
los fastos de la muerte y la victoria
de esa reina retórica que pisa
los estandartes de la vanagloria.
No así. Lo que mi barro ha bendecido
no lo voy a negar como un cobarde.
Sé que una cosa no hay. Es el olvido;
sé que en la eternidad perdura y arde
lo mucho y lo precioso que he perdido:
esa fragua, esa luna y esa tarde.

ewigkeit

Volte-me à boca o verso castelhano
a dizer o que está sempre dizendo
desde o latim de Sêneca: o horrendo
ditame de que tudo é do gusano.
Volte a cantar a esmaecida cinza,
as grandezas da morte e a vitória
dessa rainha retórica que pisa
os estandartes todos da vanglória.
Não é bem isso. O que meu barro louva
eu não hei de negar como um covarde.
Sei que uma coisa não há. É o olvido;
sei que na eternidade dura e arde
o muito e o precioso que perdi:
esta frágua, esta lua e esta tarde.

edipo y el enigma

Cuadrúpedo en la aurora, alto en el día
y con tres pies errando por el vano
ámbito de la tarde, así veía
la eterna esfinge a su inconstante hermano,

el hombre, y con la tarde un hombre vino
que descifró aterrado en el espejo
de la monstruosa imagen, el reflejo
de su declinación y su destino.

Somos Edipo y de un eterno modo
la larga y triple bestia somos, todo
lo que seremos y lo que hemos sido.

Nos aniquilaría ver la ingente
forma de nuestro ser; piadosamente
Dios nos depara sucesión y olvido.

édipo e o enigma

Quadrúpede na aurora, alto no dia
e com três pés errando pelo vão
território da tarde, é como via
a eterna esfinge o inconstante irmão,

o homem, e com a tarde um homem veio
que decifrou aterrado no espelho
da monstruosa imagem, o reflexo
de sua declinação e seu destino.

Somos Édipo e de um eterno modo
a longa e tripla besta somos, tudo
o que seremos mais o que já fomos.

Aniquilar-nos-ia ver a ingente
forma de nosso ser; piedosamente
Deus nos concede sucessão e olvido.

spinoza

Las traslúcidas manos del judío
labran en la penumbra los cristales
y la tarde que muere es miedo y frío.
(Las tardes a las tardes son iguales.)

Las manos y el espacio de jacinto
que palidece en el confín del Ghetto
casi no existen para el hombre quieto
que está soñando un claro laberinto.

No lo turba la fama, ese reflejo
de sueños en el sueño de otro espejo,
ni el temeroso amor de las doncellas.

Libre de la metáfora y del mito
labra un arduo cristal: el infinito
mapa de Aquel que es todas Sus estrellas.

espinosa

As translúcidas mãos do judeu
lavoram na penumbra suas lentes
e a tarde que declina é medo e frio.
(As tardes são idênticas às tardes.)

As mãos e mais o espaço de jacinto
que empalidece no confim do gueto
quase inexistem para o homem quieto
que está sonhando um claro labirinto.

Não o perturba a fama, esse reflexo
de sonhos sobre o sonho de outro espelho,
nem o amor temeroso das donzelas.

Libertado da metáfora e do mito
lavra um árduo cristal: o infinito
mapa d'Aquele que é as Suas estrelas.

españa

Más allá de los símbolos,
más allá de la pompa y la ceniza de los aniversarios,
más allá de la aberración del gramático
que ve en la historia del hidalgo
que soñaba ser don Quijote y al fin lo fue,
no una amistad y una alegría
sino un herbario de arcaísmos y un refranero,
estás, España silenciosa, en nosotros.
España del bisonte, que moriría
por el hierro o el rifle,
en las praderas del ocaso, en Montana,
España donde Ulises descendió a la Casa de Hades,
España del íbero, del celta, del cartaginés, y de Roma,
España de los duros visigodos,
de estirpe escandinava,
que deletrearon y olvidaron la escritura de Ulfilas,
pastor de pueblos,
España del Islam, de la cábala
y de la Noche Oscura del Alma,
España de los inquisidores,
que padecieron el destino de ser verdugos

espanha

Para além dos símbolos,
para além da pompa e da cinza dos aniversários,
para além da aberração do gramático
que vê na história do fidalgo
que sonhava ser dom Quixote e no fim o foi,
não uma amizade e uma alegria
mas um herbário de arcaísmos e um adagiário,
estás, Espanha silenciosa, em nós.
Espanha do bisão, que morreria
pelo ferro ou o rifle,
nas pradarias do ocaso, em Montana,
Espanha onde Ulisses desceu até a Casa de Hades,
Espanha do ibero, do celta, do cartaginês e de Roma,
Espanha dos duros visigodos,
de estirpe escandinava,
que soletraram e esqueceram o alfabeto de Ulfilas,
pastor de povos,
Espanha do Islã, Espanha da cabala
e da Noite Escura da Alma,
Espanha dos inquisidores,
que padeceram o destino de ser verdugos

y hubieran podido ser mártires,
España de la larga aventura
que descifró los mares y redujo crueles imperios
y que prosigue aquí, en Buenos Aires,
en este atardecer del mes de julio de 1964,
España de la otra guitarra, la desgarrada,
no la humilde, la nuestra,
España de los patios,
España de la piedra piadosa de catedrales y santuarios,
España de la hombría de bien y de la caudalosa amistad,
España del inútil coraje,
podemos profesar otros amores,
podemos olvidarte
como olvidamos nuestro propio pasado,
porque inseparablemente estás en nosotros,
en los íntimos hábitos de la sangre,
en los Acevedo y los Suárez de mi linaje,
España,
madre de ríos y de espadas y de multiplicadas generaciones,
incesante y fatal.

e teriam podido ser mártires,
Espanha da longa aventura
que decifrou os mares e dominou cruéis impérios
e que prossegue aqui, em Buenos Aires,
neste entardecer do mês de julho de 1964,
Espanha da outra guitarra, a desgarrada,
não a humilde, a nossa,
Espanha dos pátios,
Espanha da pedra piedosa de catedrais e santuários,
Espanha dos homens de bem e da caudalosa amizade,
Espanha da inútil coragem,
podemos professar outros amores,
podemos esquecer-te
como esquecemos nosso próprio passado,
porque inseparavelmente estás em nós,
nos íntimos hábitos do sangue,
nos Acevedo e nos Suárez de minha linhagem,
Espanha,
mãe de rios e de espadas e de multiplicadas gerações,
incessante e fatal.

elegía

Oh destino el de Borges,
haber navegado por los diversos mares del mundo
o por el único y solitario mar de nombres diversos,
haber sido una parte de Edimburgo, de Zürich, de las
    dos Córdobas,
de Colombia y de Texas,
haber regresado, al cabo de cambiantes generaciones,
a las antiguas tierras de su estirpe,
a Andalucía, a Portugal y a aquellos condados
donde el sajón guerreó con el danés y mezclaron
    sus sangres,
haber errado por el rojo y tranquilo laberinto de Londres,
haber envejecido en tantos espejos,
haber buscado en vano la mirada de mármol de las
    estatuas,
haber examinado litografías, enciclopedias, atlas,
haber visto las cosas que ven los hombres,
la muerte, el torpe amanecer, la llanura
y las delicadas estrellas,
y no haber visto nada o casi nada
sino el rostro de una muchacha de Buenos Aires,

elegia

Ó destino o de Borges,
ter navegado pelos diversos mares do mundo
ou pelo único e solitário mar de nomes diversos,
ter sido uma parte de Edimburgo, de Zurique, das duas
    Córdobas,
da Colômbia e do Texas,
ter regressado, depois de cambiantes gerações,
às antigas terras de sua estirpe,
à Andaluzia, a Portugal e àqueles condados
onde o saxão guerreou com o danês misturando-se
    os sangues,
ter vagado pelo rubro e tranquilo labirinto de Londres,
ter envelhecido em tantos espelhos,
ter buscado em vão o olhar de mármore das
    estátuas,
ter examinado litografias, enciclopédias, atlas,
ter visto as coisas que os homens veem,
a morte, o infame amanhecer, a planura
e as delicadas estrelas,
e não ter visto nada ou quase nada
além do rosto de uma jovem de Buenos Aires,

un rostro que no quiere que lo recuerde.
Oh destino de Borges,
tal vez no más extraño que el tuyo.

Bogotá, 1963

um rosto que não quer ser recordado.
Ó destino de Borges,
talvez não mais estranho que o teu.

Bogotá, 1963

adam cast forth

¿Hubo un Jardín o fue el Jardín un sueño?
Lento en la vaga luz, me he preguntado,
casi como un consuelo, si el pasado
de que este Adán, hoy mísero, era dueño,

no fue sino una mágica impostura
de aquel Dios que soñé. Ya es impreciso
en la memoria el claro Paraíso,
pero yo sé que existe y que perdura,

aunque no para mí. La terca tierra
es mi castigo y la incestuosa guerra
de Caínes y Abeles y su cría.

Y, sin embargo, es mucho haber amado,
haber sido feliz, haber tocado
el viviente Jardín, siquiera un día.

adam cast forth

Houve mesmo um Jardim ou foi um sonho?
Lento na vaga luz, me perguntei,
quase como um consolo, se o passado
de que este Adão, tão pobre hoje, era dono,

não passou de uma mágica impostura
do tal Deus que sonhei. Já é impreciso
na memória o tão claro Paraíso,
porém eu sei que existe e que perdura,

só que não para mim. A terca terra
é meu castigo e a incestuosa guerra
de Cains e de Abéis e suas proles.

E, mesmo assim, é muito ter amado,
haver sido feliz e ter tocado
o vivente Jardim, um dia que seja.

a una moneda

Fría y tormentosa la noche que zarpé de Montevideo.
Al doblar el Cerro,
tiré desde la cubierta más alta
una moneda que brilló y se anegó en las aguas barrosas,
una cosa de luz que arrebataron el tiempo y la tiniebla.
Tuve la sensación de haber cometido un acto irrevocable,
de agregar a la historia del planeta
dos series incesantes, paralelas, quizá infinitas:
mi destino, hecho de zozobra, de amor y de vanas
    vicisitudes,
y el de aquel disco de metal
que las aguas darían al blando abismo
o a los remotos mares que aún roen
despojos del sajón y del fenicio.
A cada instante de mi sueño o de mi vigilia
corresponde otro de la ciega moneda.
A veces he sentido remordimiento
y otras envidia,
de ti que estás, como nosotros, en el tiempo y su laberinto
y que no lo sabes.

a uma moeda

Fria e tormentosa a noite em que zarpei de Montevidéu.
Ao passar pelo Cerro,
da mais alta coberta joguei
uma moeda que brilhou e submergiu na água barrenta,
uma coisa de luz que o tempo e a treva arrebataram.
Tive a sensação de haver cometido um ato irrevogável,
de acrescentar à história do planeta
duas séries incessantes, paralelas, talvez infinitas:
meu destino, feito de soçobro, de amor e vãs
   vicissitudes,
e o daquele disco de metal
que as águas dariam ao mole abismo
ou aos remotos mares que ainda roem
despojos do saxão e do fenício.
A cada instante de meu sonho ou minha vigília
corresponde outro da cega moeda.
Às vezes senti remorso
e outras inveja,
de ti que estás, como nós, no tempo e seu labirinto,
e que não sabes disso.

otro poema de los dones

Gracias quiero dar al divino
laberinto de los efectos y de las causas
por la diversidad de las criaturas
que forman este singular universo,
por la razón, que no cesará de soñar
con un plano del laberinto,
por el rostro de Elena y la perseverancia de Ulises,
por el amor, que nos deja ver a los otros
como los ve la divinidad,
por el firme diamante y el agua suelta,
por el álgebra, palacio de precisos cristales,
por las místicas monedas de Ángel Silesio,
por Schopenhauer,
que acaso descifró el universo,
por el fulgor del fuego
que ningún ser humano puede mirar sin un asombro
    antiguo,
por la caoba, el cedro y el sándalo,
por el pan y la sal,
por el misterio de la rosa
que prodiga color y que no lo ve,

outro poema dos dons

Quero agradecer ao divino
labirinto dos efeitos e das causas
a diversidade das criaturas
que formam este singular universo,
a razão, que não deixará de sonhar
com um plano do labirinto,
o rosto de Elena e a perseverança de Ulisses,
o amor, que nos permite ver os outros
como os vê a divindade,
o firme diamante e a água solta,
a álgebra, palácio de precisos cristais,
as místicas moedas de Ângelo Silésio,
Schopenhauer,
que talvez tenha decifrado o universo,
o fulgor do fogo
que nenhum ser humano pode olhar sem um assombro
     antigo,
o acaju, o cedro e o sândalo,
o pão e o sal,
o mistério da rosa
que proporciona cor e não a vê,

por ciertas vísperas y días de 1955,
por los duros troperos que en la llanura
arrean los animales y el alba,
por la mañana en Montevideo,
por el arte de la amistad,
por el último día de Sócrates,
por las palabras que en un crepúsculo se dijeron
de una cruz a otra cruz,
por aquel sueño del Islam que abarcó
Mil noches y una noche,
por aquel otro sueño del infierno,
de la torre del fuego que purifica
y de las esferas gloriosas,
por Swedenborg,
que conversaba con los ángeles en las calles de Londres,
por los ríos secretos e inmemoriales
que convergen en mí,
por el idioma que, hace siglos, hablé en Nortumbria,
por la espada y el arpa de los sajones,
por el mar, que es un desierto resplandeciente
y una cifra de cosas que no sabemos,
por la música verbal de Inglaterra,
por la música verbal de Alemania,
por el oro, que relumbra en los versos,
por el épico invierno,
por el nombre de un libro que no he leído: *Gesta Dei per*
 Francos,
por Verlaine, inocente como los pájaros,
por el prisma de cristal y la pesa de bronce,
por las rayas del tigre,
por las altas torres de San Francisco y de la isla de Manhattan,

certas vésperas e dias de 1955,
os duros tropeiros que na planura
arreiam os animais e a aurora,
a manhã em Montevidéu,
a arte da amizade,
o último dia de Sócrates,
as palavras que num crepúsculo se disseram
de uma para outra cruz,
o sonho do Islã, aquele que abarcou
Mil noites e mais uma,
aquele outro sonho do inferno,
da torre do fogo que purifica
e das esferas gloriosas,
Swedenborg,
que conversava com os anjos nas ruas de Londres,
os rios secretos e imemoriais
que convergem em mim,
o idioma que, há séculos, falei na Nortúmbria,
a espada e a harpa dos saxões,
o mar, que é um deserto resplandecente
e uma porção de coisas que não sabemos,
a música verbal da Inglaterra,
a música verbal da Alemanha,
o ouro, que reluz nos versos,
o épico inverno,
o nome de um livro que não li: *Gesta Dei per*
    Francos,
Verlaine, inocente como os pássaros,
o prisma de cristal e o peso de bronze,
as listras do tigre,
as altas torres de San Francisco e da ilha de Manhattan,

por la mañana en Texas,
por aquel sevillano que redactó la Epístola Moral
y cuyo nombre, como él hubiera preferido, ignoramos,
por Séneca y Lucano, de Córdoba,
que antes del español escribieron
toda la literatura española,
por el geométrico y bizarro ajedrez,
por la tortuga de Zenón y el mapa de Royce,
por el olor medicinal de los eucaliptos,
por el lenguaje, que puede simular la sabiduría,
por el olvido, que anula o modifica el pasado,
por la costumbre,
que nos repite y nos confirma como un espejo,
por la mañana, que nos depara la ilusión de un principio,
por la noche, su tiniebla y su astronomía,
por el valor y la felicidad de los otros,
por la patria, sentida en los jazmines
o en una vieja espada,
por Whitman y Francisco de Asís, que ya escribieron
    el poema,
por el hecho de que el poema es inagotable
y se confunde con la suma de las criaturas
y no llegará jamás al último verso
y varía según los hombres,
por Frances Haslam, que pidió perdón a sus hijos
por morir tan despacio,
por los minutos que preceden al sueño,
por el sueño y la muerte,
esos dos tesoros ocultos,
por los íntimos dones que no enumero,
por la música, misteriosa forma del tiempo.

a manhã no Texas,
aquele sevilhano que redigiu a Epístola Moral
e cujo nome, como ele teria preferido, ignoramos,
Sêneca e Lucano, de Córdoba,
que antes do espanhol escreveram
toda a literatura espanhola,
o geométrico e bizarro xadrez,
a tartaruga de Zenão e o mapa de Royce,
o aroma medicinal dos eucaliptos,
a linguagem, que pode simular a sabedoria,
o olvido, que anula ou modifica o passado,
o hábito,
que nos repete e nos confirma como um espelho,
a manhã, que oferece a ilusão de um início,
a noite, sua treva e sua astronomia,
a coragem e a felicidade dos outros,
a pátria, sentida nos jasmins
ou numa velha espada,
Whitman e Francisco de Assis, que já escreveram
    o poema,
pelo fato de que o poema é inesgotável
e se confunde com a soma das criaturas
e não chegará jamais ao último verso
e varia de acordo com os homens,
Frances Haslam, que pediu perdão a seus filhos
por morrer tão devagar,
os minutos que precedem o sonho,
o sonho e a morte,
esses dois tesouros ocultos,
as íntimas dádivas que não enumero,
a música, misteriosa forma do tempo.

oda escrita en 1966

Nadie es la patria. Ni siquiera el jinete
que, alto en el alba de una plaza desierta,
rige un corcel de bronce por el tiempo,
ni los otros que miran desde el mármol,
ni los que prodigaron su bélica ceniza
por los campos de América
o dejaron un verso o una hazaña
o la memoria de una vida cabal
en el justo ejercicio de los días.
Nadie es la patria. Ni siquiera los símbolos.

Nadie es la patria. Ni siquiera el tiempo
cargado de batallas, de espadas y de éxodos
y de la lenta población de regiones
que lindan con la aurora y el ocaso,
y de rostros que van envejeciendo
en los espejos que se empañan
y de sufridas agonías anónimas
que duran hasta el alba
y de la telaraña de la lluvia
sobre negros jardines.

ode escrita em 1966

Ninguém é a pátria. Nem mesmo o ginete
que, alto na aurora de uma praça deserta,
leva um corcel de bronze tempo afora,
nem os outros que do mármore olham,
nem os que sua bélica cinza espalharam
pelos campos da América
ou deixaram um verso ou uma façanha
ou a memória de uma vida cabal
no justo exercício dos dias.
Ninguém é a pátria. Nem mesmo os símbolos.

Ninguém é a pátria. Nem mesmo o tempo
carregado de batalhas, espadas e êxodos
e da lenta povoação de regiões
limítrofes da aurora e do ocaso,
e de rostos que vão envelhecendo
nos espelhos que se embaçam
e de sofridas agonias anônimas
que duram até a aurora
e da teia da chuva
sobre negros jardins.

La patria, amigos, es un acto perpetuo
como el perpetuo mundo. (Si el Eterno
Espectador dejara de soñarnos
un solo instante, nos fulminaría,
blanco y brusco relámpago, Su olvido.)
Nadie es la patria, pero todos debemos
ser dignos del antiguo juramento
que prestaron aquellos caballeros
de ser lo que ignoraban, argentinos,
de ser lo que serían por el hecho
de haber jurado en esa vieja casa.

Somos el porvenir de esos varones,
la justificación de aquellos muertos;
nuestro deber es la gloriosa carga
que a nuestra sombra legan esas sombras
que debemos salvar.

Nadie es la patria, pero todos lo somos.
Arda en mi pecho y en el vuestro, incesante,
ese límpido fuego misterioso.

A pátria, amigos, é um ato perpétuo
como o perpétuo mundo. (Se o Eterno
Espectador deixasse de sonhar-nos
um só instante, nos fulminaria,
branco e brusco relâmpago, Seu olvido.)
Ninguém é a pátria, mas todos devemos
ser dignos do antigo juramento
que prestaram aqueles cavalheiros
de ser o que ignoravam, argentinos,
de ser o que seriam pelo fato
de haver jurado nesta velha casa.

Somos o futuro desses varões,
a justificativa daqueles mortos;
nosso dever é a gloriosa carga
que a nossa sombra legam essas sombras
que devemos salvar.

Ninguém é a pátria, mas todos o somos.
Arda em meu peito e no vosso, incessante,
esse límpido fogo misterioso.

el sueño

Si el sueño fuera (como dicen) una
tregua, un puro reposo de la mente,
¿por qué, si te despiertan bruscamente,
sientes que te han robado una fortuna?
¿Por qué es tan triste madrugar? La hora
nos despoja de un don inconcebible,
tan íntimo que sólo es traducible
en un sopor que la vigilia dora
de sueños, que bien pueden ser reflejos
truncos de los tesoros de la sombra,
de un orbe intemporal que no se nombra
y que el día deforma en sus espejos.
¿Quién serás esta noche en el oscuro
sueño, del otro lado de su muro?

o sonho

Se o sonho fosse (como dizem) uma
trégua, um puro repouso de tua mente,
por que, se te despertam bruscamente,
sentes que te roubaram a fortuna?
Por que é tão triste madrugar? A hora
nos despoja de um dom inconcebível,
tão íntimo que é apenas traduzível
numa modorra que a vigília doura
de sonhos, que bem podem ser reflexos
incompletos dos bens que estão na sombra,
de um orbe intemporal que não tem nome
e que o dia deforma em seus espelhos.
Quem serás esta noite no sombrio
sonho, do outro lado de seu muro?

junín

Soy, pero soy también el otro, el muerto,
el otro de mi sangre y de mi nombre;
soy un vago señor y soy el hombre
que detuvo las lanzas del desierto.
Vuelvo a Junín, donde no estuve nunca,
a tu Junín, abuelo Borges. ¿Me oyes,
sombra o ceniza última, o desoyes
en tu sueño de bronce esta voz trunca?
Acaso buscas por mis vanos ojos
el épico Junín de tus soldados,
el árbol que plantaste, los cercados
y en el confín la tribu y los despojos.
Te imagino severo, un poco triste.
Quién me dirá cómo eras y quién fuiste.

Junín, 1966

junín

Sou, mas sou também o outro, o morto,
o outro do meu sangue e do meu nome;
sou um vago senhor e sou o homem
que interceptou as lanças do deserto.
Volto a Junín, onde jamais estive,
a teu Junín, vô Borges. Tu me escutas,
sombra ou cinza final, ou desescutas
em teu sonho de bronze esta voz torta?
Talvez procures com meus olhos vãos
o Junín épico dos teus soldados,
a árvore plantada, os teus roçados,
e no confim a tribo e os despojos.
Te imagino severo, um pouco triste.
Quem me dirá como eras e quem foste.

Junín, 1966

un soldado de lee
(1862)

Lo ha alcanzado una bala en la ribera
de una clara corriente cuyo nombre
ignora. Cae de boca. (Es verdadera
la historia y más de un hombre fue aquel hombre.)
El aire de oro mueve las ociosas
hojas de los pinares. La paciente
hormiga escala el rostro indiferente.
Sube el sol. Ya han cambiado muchas cosas
y cambiarán sin término hasta cierto
día del porvenir en que te canto
a ti que, sin la dádiva del llanto,
caíste como un hombre muerto.
No hay un mármol que guarde tu memoria;
seis pies de tierra son tu oscura gloria.

um soldado de lee
(1862)

Atingiu-o uma bala na ribeira
de uma clara corrente cujo nome
ignora. Cai de boca. (É verdadeira
a história e mais de um homem foi aquele.)
O ar dourado balança as ociosas
folhas dos pinheirais. A paciente
formiga escala o rosto indiferente.
Sobe o sol. Muitas coisas já mudaram
e mudarão sem parar até um certo
dia deste futuro em que te canto
a ti que, sem a dádiva do pranto,
caíste como cai um homem morto.
Não há um mármore que guarde tua memória;
seis pés de terra são tua obscura glória.

el mar

Antes que el sueño (o el terror) tejiera
mitologías y cosmogonías,
antes que el tiempo se acuñara en días,
el mar, el siempre mar, ya estaba y era.
¿Quién es el mar? ¿Quién es aquel violento
y antiguo ser que roe los pilares
de la tierra y es uno y muchos mares
y abismo y resplandor y azar y viento?
Quien lo mira lo ve por vez primera,
siempre. Con el asombro que las cosas
elementales dejan, las hermosas
tardes, la luna, el fuego de una hoguera.
¿Quién es el mar, quién soy? Lo sabré el día
ulterior que sucede a la agonía.

o mar

Antes que o sonho (ou o terror) tecesse
mitologias e cosmogonias,
antes que o tempo se cunhasse em dias,
o mar, o sempre mar, já estava e era.
Quem é o mar? Quem é o violento
e antigo ser que corrói os pilares
da Terra e é um mar e muitos outros
e abismo e resplendor e acaso e vento?
Quem o olha o vê pela primeira
vez, sempre. Com o assombro que as coisas
elementares deixam, as formosas
tardes, a lua, o fogo, uma fogueira.
Quem é o mar, quem sou? Só saberei
no dia ulterior ao da agonia.

una mañana de 1649

Carlos avanza entre su pueblo. Mira
a izquierda y a derecha. Ha rechazado
los brazos de la escolta. Liberado
de la necesidad de la mentira,

sabe que hoy va a la muerte, no al olvido,
y que es un rey. La ejecución lo espera;
la mañana es atroz y verdadera.
No hay temor en su carne. Siempre ha sido,

a fuer de buen tahúr, indiferente.
Ha apurado la vida hasta las heces;
ahora está solo entre la armada gente.

No lo infama el patíbulo. Los jueces
no son el Juez. Saluda levemente
y sonríe. Lo ha hecho tantas veces.

uma manhã de 1649

Carlos avança entre seu povo. Olha
para a esquerda e a direita. Dispensou
os braços de sua escolta. Libertado
da imperiosidade da mentira,

sabe que hoje encontra a morte, não o olvido,
e que é um rei. A execução o espera;
a manhã é atroz e verdadeira.
Não há medo em sua carne. Sempre foi,

como o bom jogador, indiferente.
Depurou sua vida até as fezes;
ora está só em meio à armada gente.

Não o infama o patíbulo. Os juízes
não são o Juiz. Saúda levemente
e sorri. Fez isso tantas vezes.

a un poeta sajón

La nieve de Nortumbria ha conocido
y ha olvidado la huella de tus pasos
y son innumerables los ocasos
que entre nosotros, gris hermano, han sido.
Lento en la lenta sombra labrarías
metáforas de espadas en los mares
y del horror que mora en los pinares
y de la soledad que traen los días.
¿Dónde buscar tus rasgos y tu nombre?
Ésas son cosas que el antiguo olvido
guarda. Nunca sabré cómo habrás sido
cuando sobre la tierra fuiste un hombre.
Seguiste los caminos del destierro;
ahora sólo eres tu cantar de hierro.

a um poeta saxão

A neve da Nortúmbria conheceu
e esqueceu a marca de teus passos
e são inumeráveis os ocasos
que entre nós dois, irmão cinzento, foram.
Lento na lenta sombra lavrarias
metáforas de espadas pelos mares
e do horror que reside nos pinhais
e da solidão que vem com os dias.
Onde encontrar teus traços e teu nome?
Essas são coisas que o antigo olvido
guarda. Não saberei como seria
quando sobre esta terra foste um homem.
Tu seguiste os caminhos do desterro;
agora és só o teu cantar de ferro.

buenos aires

Antes, yo te buscaba en tus confines
que lindan con la tarde y la llanura
y en la verja que guarda una frescura
antigua de cedrones y jazmines.
En la memoria de Palermo estabas,
en su mitología de un pasado
de baraja y puñal y en el dorado
bronce de las inútiles aldabas,
con su mano y sortija. Te sentía
en los patios del Sur y en la creciente
sombra que desdibuja lentamente
su larga recta, al declinar el día.
Ahora estás en mí. Eres mi vaga
suerte, esas cosas que la muerte apaga.

buenos aires

Antes, eu te buscava em teus confins
que limitam com a tarde e a planura
e na cerca que guarda uma frescura
antiga de verbenas e jasmins.
Estavas na memória de Palermo,
em sua mitologia de um passado
de baralho e punhal e no dourado
bronze de aldravas nunca utilizadas,
com sua mão e o aro. Eu te sentia
nesses pátios do Sul e na crescente
sombra que desmaece lentamente
sua longa reta, ao declinar o dia.
Agora estás em mim. És minha vaga
sorte, essas coisas que a morte apaga.

buenos aires

Y la ciudad, ahora, es como un plano
de mis humillaciones y fracasos;
desde esa puerta he visto los ocasos
y ante ese mármol he aguardado en vano.
Aquí el incierto ayer y el hoy distinto
me han deparado los comunes casos
de toda suerte humana; aquí mis pasos
urden su incalculable laberinto.
Aquí la tarde cenicienta espera
el fruto que le debe la mañana;
aquí mi sombra en la no menos vana
sombra final se perderá, ligera.
No nos une el amor sino el espanto;
será por eso que la quiero tanto.

buenos aires

E a cidade, agora, é como um mapa
de meus fracassos e humilhações;
daquela porta vi os entardeceres
e ante este mármore esperei em vão.
Aqui o incerto ontem e o hoje claro
me ofereceram corriqueiros casos
de toda a humana sorte; aqui meus passos
urdem seu impensável labirinto.
Aqui a tarde cor de cinza espera
o fruto que lhe deve o novo dia;
aqui minha sombra na não menos vã
sombra final se perderá, ligeira.
Não nos une o amor e sim o espanto;
talvez por isso é que eu a amo tanto.

al hijo

No soy yo quien te engendra. Son los muertos.
Son mi padre, su padre y sus mayores;
son los que un largo dédalo de amores
trazaron desde Adán y los desiertos
de Caín y de Abel, en una aurora
tan antigua que ya es mitología,
y llegan, sangre y médula, a este día
del porvenir, en que te engendro ahora.
Siento su multitud. Somos nosotros
y, entre nosotros, tú y los venideros
hijos que has de engendrar. Los postrimeros
y los del rojo Adán. Soy esos otros,
también. La eternidad está en las cosas
del tiempo, que son formas presurosas.

ao filho

Não sou eu quem te engendra. São os mortos.
São meu pai, o pai dele e os precedentes;
são os que um longo dédalo de amores
traçaram desde Adão e dos desertos
de Caim e de Abel, em certa aurora
tão antiga que já é mitologia,
e chegam, sangue e âmago, a este dia
do futuro, em que te engendro agora.
Sinto sua multidão. Somos nós dois
e os dois, reunidos, somos tu e os próximos
filhos que engendrarás. Os derradeiros
e os do vermelho Adão. Sou esses outros,
também. A eternidade está nas coisas
do tempo, que são formas pressurosas.

los compadritos muertos

Siguen apuntalando la recova
del Paseo de Julio, sombras vanas
en eterno altercado con hermanas
sombras o con el hambre, esa otra loba.
Cuando el último sol es amarillo
en la frontera de los arrabales,
vuelven a su crepúsculo, fatales
y muertos, a su puta y su cuchillo.
Perduran en apócrifas historias,
en un modo de andar, en el rasguido
de una cuerda, en un rostro, en un silbido,
en pobres cosas y en oscuras glorias.
En el íntimo patio de la parra
cuando la mano templa la guitarra.

os compadritos mortos

Continuam escorando a passagem
do Paseo de Julio, sombras vãs
em eterno confronto com irmãs
sombras ou a fome, essa outra loba.
Quando o último sol é amarelo
no último limite do arrabalde,
voltam ao seu crepúsculo, fatais
e mortos, a sua puta e a sua faca.
Perduram em apócrifas histórias,
em um jeito de andar, e no tanger
de uma corda, num rosto, um assobio,
em pobres coisas e em obscuras glórias.
E no íntimo pátio da videira
no momento em que a mão tange a guitarra.

Esta obra foi composta em
Walbaum por warrakloureiro,
e impressa em ofsete pela
Lis Gráfica sobre papel
Pólen Soft da Suzano S.A.
para a Editora Schwarcz
em março de 2022

A marca FSC® é a garantia de que a madeira utilizada na fabricação do papel deste livro provém de florestas que foram gerenciadas de maneira ambientalmente correta, socialmente justa e economicamente viável, além de outras fontes de origem controlada.